Charta Focus 5

GILBERT & GEORGE
NEW TESTAMENTAL PICTURES

CHARTA

Progetto grafico/Design
Gabriele Nason

Coordinamento redazionale
Editorial Coordination
Emanuela Belloni

Redazione/Editing
Elena Carotti
Harlow Tighe

Impaginazione/Layout
Daniela Meda

Traduzione/Translation
Scriptum, Roma

Ufficio stampa/Press Office
Silvia Palombi Arte & Mostre,
Milano

Realizzazione tecnica
Production
Amilcare Pizzi Arti grafiche,
Cinisello Balsamo, Milano

Copertina/Cover
Blood and Sweat and Tears,
1997, particolare/detail

© 1998
Edizioni Charta, Milano

© Gilbert & George
per le immagini/for their
images

© Gli autori per i testi
Authors for their texts

All rights reserved

ISBN 88-8158-207-4

Edizioni Charta
via della Moscova, 27
20121 Milano
Tel. +39-026598098/026598200
Fax +39-026598577
e-mail: edcharta@tin.it
www.artecontemporanea.com/charta

Printed in Italy

Gilbert & George
New Testamental Picture

Napoli,
Museo di Capodimonte
12 dicembre 1998-
7 febbraio 1999
December 12, 1998-
February 7, 1999

Soprintendenza per i Beni
Artistici e Storici di Napoli

La mostra è stata realizzata
con/The exhibition has been
realized with
il Patrocinio dell'Assessorato
alla Cultura della Regione
Campania,
dell'Assessorato alla Cultura
della Provincia di Napoli,
dell'Assessorato all'Identità
del Comune di Napoli

e in collaborazione con/and
in collaboration with
Alfonso Artiaco.

Trasporti/transportation
Art Service

La Soprintendenza per i Beni
Artistici e Storici e Alfonso
Artiaco ringraziano quanti, a
vario titolo, hanno concorso
alla realizzazione della
mostra e in particolare
Gilbert & George per
l'entusiasmo mostrato e
Massimo Valsecchi per il
fattivo contributo al buon
esito del progetto e
The Soprintendenza per i
Beni Artistici e Storici and
Alfonso Artiaco would like to
thank those who, in their
own way, participated in
putting the exhibition
together and especially
Gilbert & George for their
demonstrated enthusiasm
and Massimo Valsecchi for
his contrbution to the
success of the project and
Teresa Armato, Napoli;
Umberto Bile, Napoli; Achille
Bonito Oliva, Roma; Lucio
Cappelli, Napoli; Angelo
Chianale, Torino; Francesca
Cilluffo, Torino; Mario
Codognato, Roma; Guido
D'Agostino, Napoli; Anthony
D'Offay, London; Karlheinz
Essl, Klosterneuburg; Ernesto
Esposito, Napoli; Antonio
Galdo, Roma; Simona Golia,
Napoli; Anthony Meier, San
Francisco; Maria Serena
Mormone, Napoli; Maria
Rosaria Riccucci, Napoli;
Thaddaeus Ropac,
Paris/Salzburg; signori
Salomon, Paris; Rosa e/*and*
Gilberto Sandretto, Milano;
Giuseppe Scalera, Napoli;
Ileana Sonnabend, New York;
Angela Tecce, Napoli; Carlo
Traglio, Bergamo; Lucio
Turchetta, Napoli; signori
Tuytens, Nokere; Mariella
Utili, Napoli; Rossella
Variabile, Pozzuoli; Hélène
Vassal, Fonds National d'Art
Contemporain, Paris; Bruna
e/*and* Matteo Viglietta, Busca.

L'attenzione della città di Napoli verso l'opera di Gilbert & George non è certo recente; va fatta risalire almeno alla metà degli anni Settanta, quando i due artisti espongono nella Galleria di Lucio Amelio il ciclo di opere *Bloody Life* nel quale utilizzano per la prima volta il colore.
La serie era già stata esposta a New York, Parigi e Ginevra; Napoli ne era quindi la prima tappa italiana. Con la consueta lungimiranza Amelio aveva individuato nei due artisti inglesi dei protagonisti di primo piano nella scena dell'arte contemporanea. L'anno successivo, sempre nella galleria Amelio, Gilbert & George realizzano *The Red Sculpture,* un intervento nel quale riprendono a distanza di anni le *Living Sculptures* che avevano costituito il loro esordio. L'anno successivo sarà la volta di *Dark Shadow*, altro ciclo presentato da Amelio, e infine, per la collezione Terraemotus, realizzano *Dying Youth*: opera in cui emerge con più nettezza quella dinamica – più che di conflitto parlerei infatti di rapporto complesso ed oscillante – tra il polo della vita, rappresentato da un giovane nudo messo a confronto con facce, statue, teschi, e il polo della morte, molto vicino alle tematiche del terremoto del 1980. È un incontro-scontro che caratterizza tutta la vicenda artistica di Gilbert &

George e che emerge con particolare evidenza nel nuovo gruppo di opere che viene ora esposto nel Salone degli Arazzi del Museo di Capodimonte. Anche in questo ciclo, come negli altri realizzati in anni recenti, i due artisti sembrano voler forzare il limite della tollerabilità del pubblico con l'esibizione di materiali e atteggiamenti, che lungi dal voler essere trasgressivi o scandalosi, sembrano voler sfidare con l'arma dell'esibizionismo le forze oscure da cui si sentono minacciati, da cui ci sentiamo tutti minacciati. Riprendiamo oggi il filo di quella vicenda, interrottasi per qualche anno ma che ha visto Napoli tra le tappe privilegiate dell'Italia per il lavoro di Gilbert & George: e la riprendiamo, questa volta, grazie alla collaborazione appassionata di Alfonso Artiaco, e sempre con il Museo di Capodimonte di nuovo in prima fila nell'accogliere le sollecitazioni più profonde e stimolanti che provengono dall'arte del nostro tempo.

Nicola Spinosa
Soprintendente per i Beni Artistici
e Storici di Napoli e Provincia

The attention of the city of Naples towards the art of Gilbert & George is certainly not recent; it dates back at least to the mid-Seventies when the two artists exhibited at Lucio Amelio's gallery the cycle of works entitled *Bloody Life*, in which they used colour for the first time. The series had already been exhibited in New York, Paris, and Geneva; Naples was thus the first Italian venue. With his customary foresight, Amelio had recognized the two English artists as protagonists of the first order on the contemporary art scene. The following year, still at the Galleria Amelio, Gilbert & George created *The Red Sculpture*, an installation in which they resumed after years the Living Sculptures that had marked their debut. The next year would be *Dark Shadow*'s turn, another cycle presented by Amelio. Finally they produced *Dying Youth* for the Terraemotus collection, a work in which emerged with more clarity that dynamic – more than conflict I refer in fact to the complex, oscillating relationship – between the pole of life, represented by a nude youth confronted with faces, statues, and skulls, and the pole of death, very close to the earthquake thematics of 1980. It is this dialectic relationship that characterizes Gilbert & George's entire artistic agenda, and that emerges with

particular evidence in the new group now exhibited in the Salone degli Arazzi at the Museo di Capodimonte. Also in this cycle, like those created in recent years, the two artists seem to want to force the limits of the public's tolerance with the exhibition of materials and attitudes that, far from wanting to be transgressive or scandalous, seem to want to challenge with the weapon of exhibitionism the dark forces that they feel threaten them, that threaten us all. Today we again take up the thread of that story which was interrupted for a few years, but saw Naples among the privileged Italian venues for the work of Gilbert & George; and we take it up again, this time thanks to the passionate collaboration of Alfonso Artiaco, and again with the Museo di Capodimonte first in line in welcoming the most profound and provocative stimuli of the art of our time.

Nicola Spinosa
Soprintendente per i Beni Artistici
e Storici di Napoli e Provincia

Sommario / Contents

Corpi gloriosi

Achille Bonito Oliva

L'arte contemporanea ha investito della propria creatività ogni possibile superficie arrivando alla fine ad adottare anche l'apparato somatico come *corpo d'arte*. D'altronde la figura del *dandy* nella seconda metà dell'Ottocento rappresenta proprio il desiderio dell'artista e del letterato di non tenere niente fuori dal campo della significazione: l'eleganza quale sintomo di distinzione e di differenza nei riguardi della società in incipiente massificazione.

All'anonimato ed al numero il dandy contrappone l'*unico*, se stesso preso come emergenza verticale contro il grigiore orizzontale del corpo sociale. Il corpo d'artista diventa allora anch'esso il luogo dove sorge il desiderio espressivo e segnala nello stesso tempo la convergenza verso l'*unità* individuale, portatrice di manifestazioni e comportamenti tutti giocati sotto il segno dell'esemplarità.

Marcel Duchamp è l'artista che nel Novecento adotta in termini esplicitamente espressivi il corpo quale luogo capace di proiettare verso l'esterno segni inscrittibili dentro il linguaggio dell'arte. Egli si fa scolpire sulla nuca una stella, segno di elevazione e di supremazia: il capo infatti è la parte del corpo dove avvengono le trasformazioni del pensiero e dunque costituisce la zona privilegiata del corpo.

In tal modo l'arte contemporanea ha dilatato il territorio della propria rappresentazione, investendo il corpo dell'artista di una capacità che naturalmente altri corpi non hanno in quanto appartenenti ad individui non investiti della capacità ricreatrice dell'arte, l'unica capace di trasfigurare e portare il corpo fuori dalla sua contingenza materica e dal suo spessore. L'apparato psicosomatico partecipa dunque e diventa attore della messa in scena dell'arte.

Duchamp dunque costituisce la matrice da cui si dipana un filo che porta negli anni Settanta alla body art e all'arte del comportamento, in cui l'opera si risolve contestualmente alla presenza del pubblico e l'oggetto è costituito dal gesto effimero, legato alla dinamica temporale, che si consuma in una parabola attiva o in una immagine ferma. In ogni caso ci troviamo di fronte ad un uso del corpo che conserva la sacrale consapevolezza del corpo d'artista portata dal Duchamp.

"Non si può parlare del corpo umano senza porre il problema dell'abbigliamento perché, come ha detto, credo Hegel, non so più esattamente in quali termini, l'abbigliamento è ciò attraverso cui il corpo umano diventa significante e dunque portatore di segni o addirittura dei propri segni... nelle società se non tradizionali... il corpo umano non era mai visto nudo... e l'abbigliamento era per così dire incorporato nel corpo" (Roland Barthes). Il dandy dunque ha utilizzato l'abbigliamento per segnare, oltre che con l'opera artistica (il panciotto rosso per esempio di Théophile Gautier), la propria differenza rispetto al corpo sociale in maniera spettacolare ed evidente.

Già nel caso di Duchamp ci troviamo ad una sorta di *messa a nudo* del corpo, in quanto egli utilizza la *tonsura*, come un chierico medioevale, per realizzare la stella sulla nuca: il capo infatti è per definizione una parte del corpo esposta senza alterazioni o censure allo sguardo degli altri, parte anatomica e laboratorio a vista del pensiero e della fantasia.

Ma Barthes ci ricorda che Hegel dice anche qualcosa d'altro e precisamente che "l'abito o addirittura, in certi casi, l'assenza controllata e sorveglianza di abiti, ha la funzione di significare il corpo nuovo, il corpo moderno". Un corpo che non utilizza e non vuole più utilizzare l'abito per stabilire differenze, in quanto la moda ha prodotto un'omologazione che non permette di stabilirle. Per cui, vestito o nudo, l'uomo moderno ha una sorta di intercambiabilità allo sguardo del pubblico.

Allora il corpo trova la propria differenza se nella propria nudità porta su di sé una gestualità o un sistema di segni che lo individua. Esso è un deposito di narcisismo che nella esibizione riesce a trovare uno sbocco. Il corpo moderno abbisogna dunque di un livello di spettacolarità capace di concentrare l'attenzione e sottrarre così se stesso all'anonimato. Perché il paradosso consiste nel fatto che soltanto attraverso l'esteriorizzazione il corpo si sente *esistente* nella società di massa.

Dopo aver visto l'ultima *Living Sculpture* di Gilbert & George, ho voluto intervistare i due artisti inglesi.

All'incontro si sono presentati con gli stessi abiti da uomo comune inglese, nello stesso stile gentile con cui lavorano.

Alle mie abituali mosse per entrare (ed attraversare) in senso analitico in questa loro ultima scultura, *Red Sculpture*, ora allo Stedelijk Museum di Amsterdam, essi hanno opposto il garbo di una neutra descrizione, alternandosi nel ruolo di mio interlocutore, alla tentazione del critico di dare senso ad ogni gesto; Gilbert & George sostituiscono una dolce ed ironica semplificazione e superficializzazione.

Al mito del profondo, di un significato sempre in agguato e nascosto, essi contrappongono la superficie, l'orizzontale, la frontalità, la pura apparenza e forse il mito di una quotidianità felice. Difatti Gilbert & George tendono continuamente a scalzare quella valenza costitutiva dell'arte, l'essere proprio il prodotto di una scissione, vivendo i due momenti, arte e vita, senza cesura. Attraversati da uno stesso filo, la buona maniera, la grazia, il decoro ovunque e con chiunque, in galleria e nel pub, al telefono e nei biglietti d'invito scritti a mano.

Dunque Gilbert & George si propongono sempre come *Living Sculptures*, Sculture Viventi, abbigliati nello stile del quotidiano, in una apparente ostentazione del loro vissuto, con le sue memorie e le sue implicazioni. Nella serata della *Red Sculpture*, agli spettatori messi a sedere in fila, Gilbert & George si sono presentati con il volto e le mani dipinti di rosso fitto e opaco, nel loro solito completo spento e un po' liso; sono saliti quindi su di una pedana, illuminati da una luce bianca ed omogenea diffusa in tutto lo spazio.

La pedana è il rafforzamento spettacolare, la cornice che segna i limiti della rappresentazione, lo zoccolo di sostegno della scultura vivente. Questa era suddivisa in nove movimenti, scanditi da una successione di frasi al magnetofono, ciascuna delle quali ripetuta con voce assolutamente neutra, per tutta la durata del singolo movimento.

Le frasi-titolo di ogni sezione si riferiscono sempre ad una esperienza ed a un lavoro precedente: *Umano Legame e Ombra Scura, Giovane Soldato o Fioritura del Ciliegio, Cattivi Pensieri e Cuori Infranti, Aria di Legno, Vita Sanguinosa e Angoli Polverosi* ecc.

Gilbert & George vi si muovono come al solito in coppia per gesti minimi *au ralenti*, con quasi impercettibili declinazioni, ugualmente impercettibile è la voluta sfasatura creata nella loro somiglianza. La lentezza, la fissità, la quasi specularità dei due contrasta con la forza netta del colore, il rosso, scelto non in senso cromatico, ma per il suo potere di accumulo semantico – violenza, sesso, rosso Cina – il colore dell'attenzione. Nella loro oggettiva vaghezza i movimenti hanno l'apparenza della esemplarità, ridotta al minimo ogni ingombrante fisicità (niente è a loro più estraneo della body art o di quanto viene genericamente catalogato come performance), acquistano il senso di un codice lapidario, di una loro parlata.

Finita l'intervista, mi sono ritrovato con la stessa sensazione avuta al termine della *Red Sculpture*. Gilbert & George sembrano voler trasmettere il sospetto che i dettagli dell'esistenza ed i gesti minimi dell'arte vivono sotto lo stesso segno: l'impercettibilità del puro accadere, l'inesistenza di luoghi di precipitazione, la cordialità dell'inerte quotidiano.

Così le loro buone maniere, il loro irriducibile decoro si traducono in un inevitabile *décor*, dove è di scena tutta la loro realtà.

I due artisti inglesi non adottano soltanto il corpo espressivo, bensì anche il disegno e successivamente in maniera stabile, il negativo. Grandi superfici rappresentano a mosaico immagini urbane congelate all'istante e virate dal colore. Perché l'immagine ha varcato il guado. Resta il fatto che il negativo tende sempre a sottrarre un dato alla realtà dalle sue relazioni d'insieme e consegnarlo alla definitività dell'attimo e del-

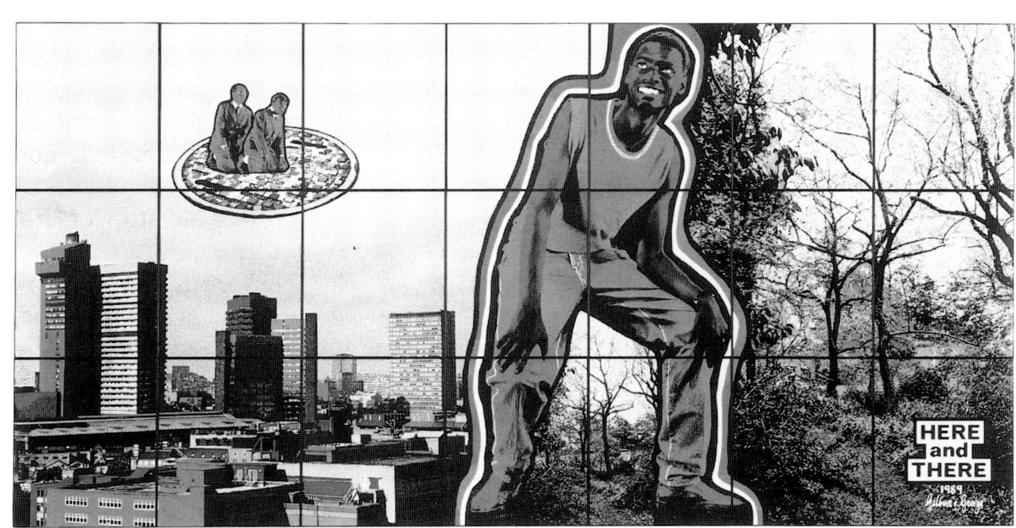

Here and There
1989
*Courtesy Anthony d'Offay
Gallery, London*

Holed, 1989

*Courtesy Anthony d'Offay
Gallery, London*

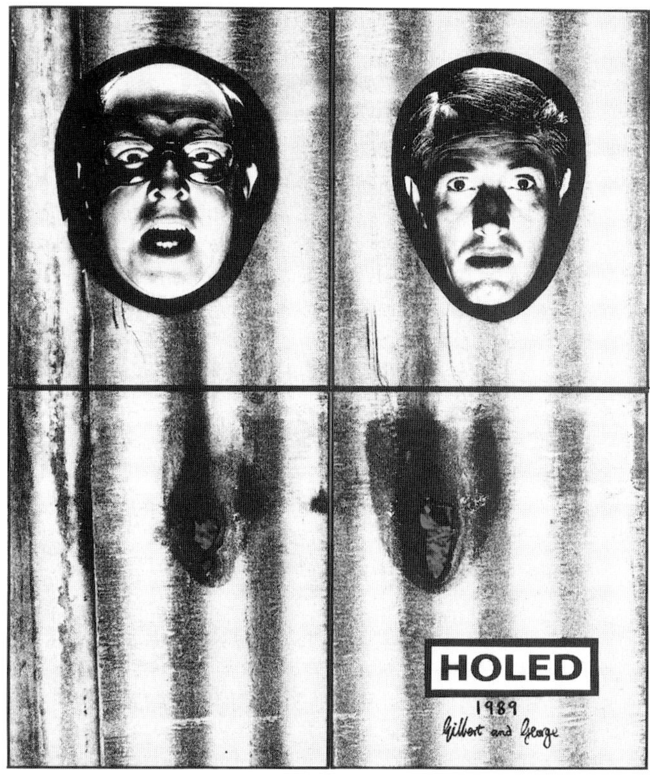

l'istantaneità. Il lavoro di Gilbert & George è frutto di uno strappo delle cose, una riduzione di superficie attraverso cui affiorano persistenze e residui di profondità. L'occhio parte da una pratica costante, che è quella dell'assedio, di uno sguardo circolare da cui poi passa a un affondo che viviseziona il panorama d'insieme e estrapola il particolare. Velocità e congelamento sono le polarità entro cui si muovono le immagini di Gilbert & George. La velocità è dettata dalla necessità di passare in rassegna il campo visuale d'insieme, su cui scorre l'occhio prensile degli artisti. Il congelamento è il portato della scelta e della preferenza denunciata dalla inquadratura che stabilisce così il bordo della visione, il confine che separa e privilegia il dettaglio. In questo senso l'immagine è un esercizio linguistico, in quanto determina un oscuramento delle parti non messe a fuoco dagli artisti e lasciate fuori dall'immagine e il conseguente abbagliamento del dato privilegiato. Memoria e dimenticanza sono i movimenti oscillanti, le pendolarità entro cui corre e scorre l'occhio di Gilbert & George. Perché non si può non tener conto di ciò che lascia fuori l'inquadratura.

Glorious Bodies

Achille Bonito Oliva

Contemporary art has invested its creativity in every possible surface to the point of using the human somatic apparatus as an artistic body. Moreover, the figure of the dandy in the second half of the nineteenth century represented the desire of the artist and of the literary writer not to exclude anything from the field of signification: elegance in itself was a symptom of distinction and difference with respect to the mass society that was emerging. The dandy opposes uniqueness to anonymity and numbers; he counteracts the horizontal greyness of the social body with an outstanding vertical image of himself. The artist's body itself becomes the source of the desire for expression and, at the same time, draws attention to the uniqueness of the individual, whose behaviour and display are variations on the theme of the one and only example.

Marcel Duchamp is the nineteenth-century artist who used his body in explicitly expressive terms as a place from which to project on the outside world signs which could not be written in the language of art. He had a star shaved on the back of his neck as a sign of elevation and supremacy: the head is the part of the body where the transformation of thought takes place and is therefore the privileged part of the body.

Thus contemporary art has expanded its creative territory, investing the body of the artist with a capacity that other bodies naturally do not possess, inasmuch as they belong to individuals who are not endowed with the creative ability of the artist; only this is capable of transfiguring the body and carrying it beyond the limits of solid, contingent matter. The psychosomatic apparatus participates in the creative process and becomes an actor in its *mise-en-scene*.

Duchamp is therefore the original model from which the body-art and behavioural art of the Seventies derive: a form of art in which the actual work is realised in the presence of the public and the object consists in an ephemeral gesture, bound to a temporal dimension, consumed in wave of activity or in an immobile image. In any case we are faced with a use of the body which preserves the sacred awareness of the artist's body ideated by Duchamp.

"We cannot speak of the human body without posing the problem of clothing because, as I think Hegel said, I cannot remember exactly in what terms, it is through clothing that the human body becomes significant and therefore a vehicle of signs or even of its own signs . . . In otherwise traditional societies . . . the human body was never seen naked . . . and clothing was incorporated in the body, so to speak" (Roland Barthes). The dandy therefore has always used clothing (Théophile Gautier's red waistcoat, for instance) to ostentate his own difference from the social body, not only through the work of art, but also in a blatant and spectacular manner.

In Duchamp's case we find a kind of denuding of the body, inasmuch as he uses tonsures, like a medieval cleric, in order to realise the star on the nape of his neck: the head is by definition a part of the body that is exposed, without alteration or censorship, to the sight of others, part of the anatomy and a visible laboratory of thought and imagination.

But Barthes reminds us that Hegel also says something else, to be precise, "clothing or even, in some cases, the controlled and supervised absence of clothing, has the function of signifying the new body, the modern body": a body that does not use and no longer wants to use clothing to establish difference, inasmuch as fashion has ratified the use of clothing in such a way that makes this impossible. Therefore, dressed or naked, modern man is interchangeable with the eye that looks at him.

So the body discovers its own difference in so far as its nudity is part of a system of signs or gestures that identify it. It has a reserve of narcissism, which finds an outlet in exhibition. The modern body needs; therefore, to be sufficiently spectacular to attract attention and escape from anonymity; because the paradox consists in the fact that only by exteriorisation does the body feel that it exists in mass society.

After seeing the last Living Sculpture by Gilbert & George, I wanted to interview the two English artists. They came to the meeting in the same ordinary clothes of the common Englishman and used the same gentle style as that in which they work. I tried as usual to talk in depth about their latest sculpture *Red Sculpture,* now in the Stedelijk Museum in Amsterdam, in an analytic sense, but they politely countered my enquiries with a neutral description, alternately answering my questions. Gilbert & George respond to the critic's temptation to attribute a meaning to every gesture with a gentle and ironic simplification on a superficial level. As opposed to the myth of the Unconscious, of a deep, hidden meaning always lying in wait, they take a surface view, a horizontal view, a face-to-face view: nothing is there but what appears, and perhaps the myth of everyday happiness. They tend to do away with that constitutive property of art, the fact of being the result of a split or division, and carry on both experiences, art and life, without a break; on the same lines, characterised by good manners, grace, decorum everywhere and with everyone, in a gallery or in a pub, on the telephone and on the hand-written invitation cards.

Gilbert & George always present themselves as *Living Sculptures*, dressed in everyday clothes, apparently ostentating their own experience with its memories and its implications. On the evening of *Red Sculpture*, the spectators sat in rows, and Gilbert & George presented themselves in their usual dull suits, a bit threadbare, with their faces and hands covered in thick, opaque red paint; then they went up on to a platform flooded with a white light, homogeneously diffused over the whole space. The platform is the reinforcement of the show; it marks the limits of the Living Sculpure, the plinth that supports it. This is divided into nine movements, scanned by a series of phrases on the tape recorder, each of which is repeated in an absolutely neutral voice, for the whole length of a single movement. The title-phrase of each section always refers to an experience or previous work: *Human Bonding and Dark Shadows, A Young Soldier or The Flowering of the Cherry Tree, Bad Thoughts and Broken Hearts, Wooden Air, Bloody Life and Dusty Corners,* and so on.

Gilbert & George move around as usual as a couple with minimal gestures *au ralenti,* with almost imperceptible bending movements, with deliberate displacements, equally imperceptible, created by their similarity.

The fixity, the slowness, the near specularity of the two contrast with the clear strength of the colour, red, chosen not for its chromatic effect but for its accumulative semantic power – suggesting violence, sex, communist China – the colour that attracts attention. The vague objectiveness of their movements give the impression of exemplariness; any idea of physical encumbrance is reduced to a minimum (nothing is more alien to them than body-art or what is generically catalogued as a performance), and they acquire the sense of an aphoristic code, of a peculiar language.

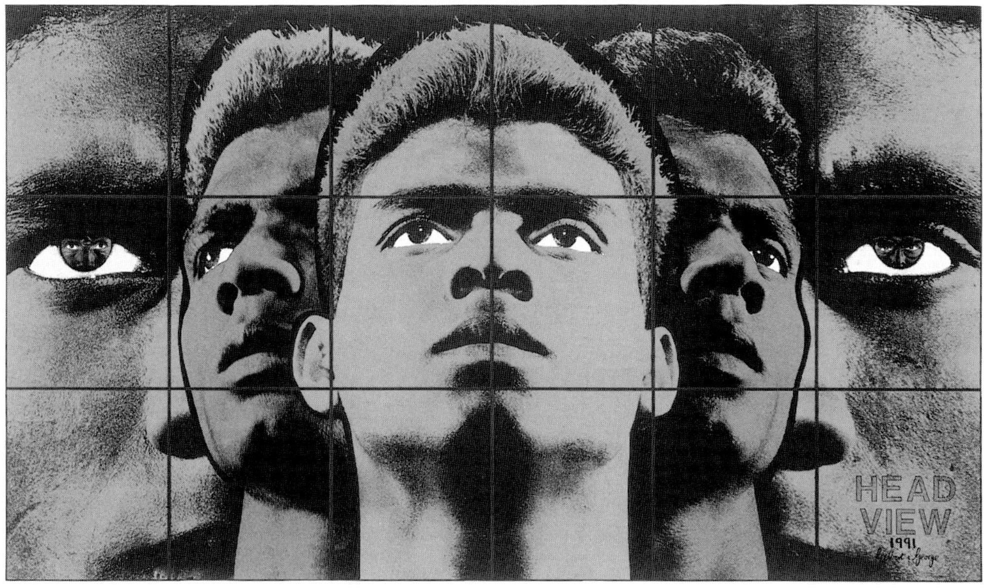

Head View, 1991

*Courtesy Anthony d'Offay
Gallery, London*

After the interview, I felt the same sensation that I had felt at the end of *Red Sculpture*. Gilbert & George seem to want to convey a suspicion that the details of existence and the minimal gestures of art belong to the same world: a world where things just happen imperceptibly, where there is no hurry whatsoever, where inert everyday living is pleasant and friendly. Thus they translate their good manners, their simple decorum, into an inevitable décor, for the staging of their own view of reality.

The two English artists do not merely use bodily expression, but also drawings and later, photo-based pictures, as a regular means of communication. They cover large surfaces like a mosaic with urban images frozen in an instant by the camera and reproduced in colour; because by now photography has come of age and can no longer be considered a language inferior to that of art. The mechanical eye of the camera cannot be automatically geared to the same viewpoint as that of art, but it is open to many kinds of stimulation and memories, which now allow variations and displacements. The fact remains, however, that photography always tends to detach part of reality from its contextual relations and consign it to a permanent state of instantaneousness.

Gilbert & George's art seems to rip something out, a piece of the surface through which persistent phenomena and residual depths appear. The eye uses with a constant technique, as if it were besieging reality, beginning with a circular movement from which it gives a lunge that seems to vivisect the general panorama and extrapolate the detail. Speed and instantaneous freezing constitute the poles between which Gilbert & George's technique moves. The speed is dictated by the need to review the entire visual field, over which the artist casts a swinging glance. The frozen image is determined by the choice or preference made for the shot which establishes the limits of the view, the border that separates the privileged detail from the rest. In this sense, art is a linguistic operation, inasmuch as it blacks out the parts not brought into focus by the artists and left out of the image, and lights up the privileged detail. The eye of Gilbert & George swings to and from with movements that oscillate between memory and forgetfulness – because it is impossible not to take into account all that has been left out of the shot.

Viaggio intorno all'uomo

Mario Codognato

Alla fine degli anni Sessanta, quando Gilbert & George con il loro straordinario sodalizio iniziarono un'ininterrotta collaborazione artistica, in gran parte del mondo occidentale il dibattito culturale era orientato sostanzialmente verso un abbattimento radicale delle barriere formali e concettuali tra arte e vita. Questa rottura, portata avanti perentoriamente dai Nostri con notevole originalità mediante una stretta identificazione tra le attività quotidiane nella realtà metropolitana contemporanea e la prassi artistica, diede luce ad una serie di *azioni* ormai leggendarie. Prolungate nel tempo fino all'esaurimento di qualsiasi contesto immediatamente individuabile e definibile, tali azioni sfociarono in una corrispondenza diretta tra la loro identità di individui ed artisti e la Scultura. Semplici gesti quali dipingersi il volto con una patina color bronzo o seguire per diverse ore di seguito il ritmo di un motivetto popolare durante eventi di aggregazione come le grandi mostre collettive, portavano già in seno la volontà e il proposito degli artisti di collocare la loro vita e la loro arte sullo stesso livello. Presentandosi come *sculture viventi*, gli artisti esprimevano un'esemplare capacità dialettica nel porsi allo stesso tempo come testimoni dell'attività umana e della determinazione di una presenza legata non tanto alla tradizione quanto alla inesorabilità dell'arte, quale mezzo privilegiato per comunicare il nostro percorso tra le insidie dell'esistenza e il confronto con gli altri individui.

In seguito divenne inevitabile e necessario che queste *azioni*, per il loro grande desiderio di dichiararsi ed offrirsi al mondo intero, venissero trasposte, naturalmente *fissate* e quasi cristallizzate in grandi disegni o in composizioni a base fotografica, generando grandi affreschi sull'Uomo del nostro tempo. Immagini che fissano appunto la condizione umana non attraverso la cronaca, ma attraverso il moto dell'anima e del corpo nelle contorsioni della determinazione di affermarsi e di perdersi, nello spasmo di sopravvivere e di convivere. In una successione al tempo spesso sublime e spaventosa si aggregano gli abissi dell'alcolismo, la tragica e silenziosa introspezione dell'attesa e della vacuità, la claustrofobica inquietudine e la liberatoria autodeterminazione della vita di strada nelle metropoli, la violenza verbale e la didascalica verità dei graffiti urbani, l'immanente spiritualità, bellezza, carica erotica e caducità di tutti gli elementi della natura umana e vegetale in un mosaico di immagini e di luce come contemporanee vetrate istoriate di una cattedrale immaginaria. Le forze vitali, i sentimenti più reconditi e contraditori, la vertigine senza tregua delle gioie e delle paure più agognate e temibili dall'Uomo moderno, sono da loro vivisezionate, rispecchiate, ricalcate, sgusciate con impareggiabile veemenza e presentate ad ognuno di noi nel loro fascino brutale, nella loro irresistibile rovina, nella loro incalzante fugacità. La vulnerabilità della vita, il peso e il giogo della storia, l'energia devastante della sessualità, l'oppressione o la rassicurante illusione della quotidianità si compenetrano e si affrontano in un avvicendamento di immagini, di visioni, di apparizioni infiammate, liberate, polarizzate sulle infinite associazioni di idee, emozioni, conflitti che la sensualità di un volume, un corpo, un gesto, un'ombra, un colore, una parola, possono e riescono a dare.

È quindi chiaro e consequenziale che sin dagli esordi del loro eccezionale percorso artistico, Gilbert & George abbiano sempre cercato di individuare e intraprendere un rapporto esplicito, incondizionato e solidale con lo spettatore. Il loro intento primario è la nascita di un dialogo intimo e allo stesso tempo provocatorio con il pubblico, nel quale ognuno di noi si possa confrontare con il loro messaggio e nondimeno con l'inevitabile reazione ad esso. Essi vogliono esortarci a mettere in gioco ed in discussione il nostro ruolo nel contesto in cui viviamo, le nostre convinzioni, i nostri timori, i nostri angoli più bui attraverso l'inesplicabile e travolgente potere quasi nutritivo delle immagini e delle parole. La loro parabola moderna non viene imposta, ma lasciata fiorire lentamente dentro di noi, affinché trovi la sua strada e il suo ruolo nella nostra esistenza. La stessa presenza in effigie degli artisti, nella maggior parte del *corpus* del loro lavoro, simbolizza e al tempo stesso enfatizza questa ricerca di un dialogo fortemente voluto e profondamente sofferto con il prossimo; sempre temerariamente in bilico tra messaggio e responsabilità individuali e sofferenza e simpatia universali.

Gilbert & George infatti espongono se stessi in tutto e per tutto, metaforicamente e fisicamente; rivelano con cruda e spietata onestà la loro presenza e la loro vicissitudine nel mondo, cogliendo e rendendo tangibile l'analogia e la corrispondenza con gli altri esseri umani nella tenaglia degli infiniti travagli della vita, degli impietosi stratagemmi della bellezza, delle imperscrutabili ragioni e ansie della morte. Come individui e come artisti lottano senza tregua per un'espressione totale e totalizzante che inglobi e venga inglobata, che generi e sia generata da tutte quelle esperienze, fisiche ed intellettuali, che cadenzano, stravolgono, guidano l'esistenza, anche le più drammatiche, le più banali, le più denigrate dalle convenzioni sociali. Essi mettono a nudo la loro essenza ed il loro cammino di uomini e artisti al punto da presentare letteralmente la propria nudità, come nei loro ultimi lavori presentati in questa mostra. I loro corpi sono offerti *totalmente* ai nostri sensi e alla nostra ragione in un capitale ed estremo tentativo di onestà, di solidarietà, di comunione, di messaggio estremo verso la totalità di coloro che riceveranno questa rappresentazione. Si assiste ad un'ulteriore raffigurazione di *nuda veritas*, che nel fare inusitatamente e coraggiosamente coincidere protagonisti e modelli, proietta e unifica in un colpo solo la grandezza e la caduta dell'Uomo. Anche nella nostra civiltà, così come in quelle che ci hanno preceduto, la nudità non

rappresenta soltanto la verità suprema, ma si concretizza anche in una condizione umiliante. Ed è proprio toccando il fondo della mortificazione che Gilbert & George si liberano in definitiva dal peso di ogni convenzione, presentando un'oggettività dell'umanità che ci induce ad analizzare e ad anestetizzare i nostri pregiudizi, capovolgendo i termini della questione e facendoci riconoscere nella sofferenza e nella vertigine della loro *esposizione totale* la disperazione e la fragilità dell'umanità intera. Così i fluidi corporali, linfa vitale e inalienabile, prorompono nelle immagini come innegabili e universali realtà ed emanazioni dell'individuo, tralasciando in blocco la potenzialità spregiativa, provocatoria o erotica alla quale la nostra società li consegna nel contesto della tradizione visiva o letteraria. La forza centrifuga dello sguardo verso l'esterno, si rivolge verso l'interno del corpo, nell'intento di elevare e nobilitare ogni aspetto della natura umana a pari dignità, nel tentativo di raggiungere una dimensione che porti all'accettazione completa del reale. Le feci, le lacrime, la saliva, il sangue, lo sperma, il sudore e l'urina sono già comparsi

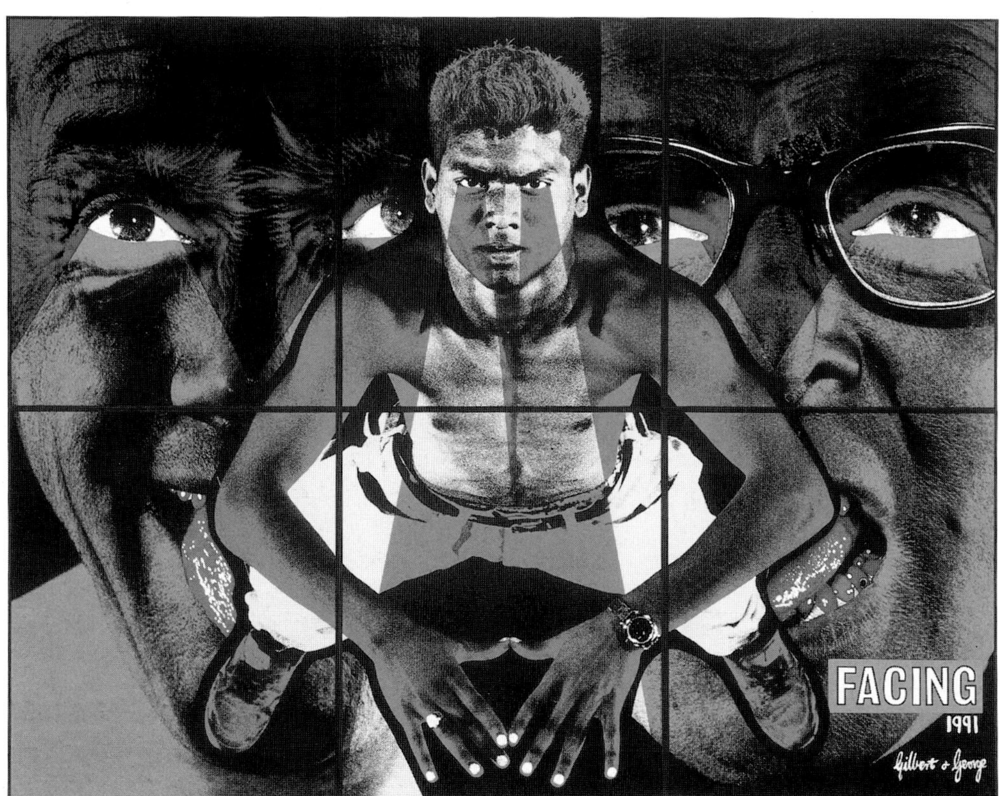

Facing, 1991

Courtesy Anthony d'Offay Gallery, London

Voyage around Man

Mario Codognato

altre volte in molti lavori di Gilbert & George nel corso degli ultimi venti anni, ma in questi ultimi lavori la loro esaltazione e la loro parcellizzazione dà vita ad una sublimazione che, tendendo quasi all'astrazione, li trasforma in materiali primari con cui costruire delle forme, dei volumi, delle composizioni sensuali, pindariche, ardite, autonome. La lettura microscopica dell'urina sulle lacrime o dello sperma sul sudore si rivela in un etereo e imprevisto paesaggio, reale ed interiore al contempo, attraverso l'utilizzo di quelle stesse sostanze che cadenzano tanto le funzioni organiche basilari quanto le vicende emozionali e carnali della vita di ognuno di noi, conferendo ad entrambe un'armonia ed una seduzione visiva di grande e drammatico impatto. In simili composizioni, la *ruota della fortuna*, presente nella tradizione mitologica di tutte le civiltà, indica l'eterno movimento e conseguentemente i rovesci della sorte, gli accidenti del destino sempre in agguato nel vorticoso itinerario della vita. L'associazione di un moto avverso col sangue, tradizionalmente simbolo e veicolo del calore vitale, allude al flagello contemporaneo dell'AIDS e alle sue implicazioni nei rapporti sociali tra gli individui, un tema ricorrente nell'arte e nell'impegno civile di Gilbert & George, sin dalla fine degli anni Ottanta. La *ruota celtica* a otto raggi, nei quali sono iscritte e quasi cesellate le sagome tonde di monete, si associano al valore simbolico del mito che raffigura le otto direzioni dello spazio e indica la *rigenerazione*. Il denaro, veicolo di scambio simbolico è messo in relazione con la cellula ematica, veicolo di scambio reale tra gli individui. Un drammatico appello al rispetto e al riconoscimento di tutte le forme nelle quali si rivela la natura umana è anteposto alla lotta tra i precetti della religione, evidenziati dalla leggendaria distruzione di Sodoma, e le infinite possibilità di espressione e di orientamento del desiderio e dello stimolo erotico di tutti gli individui. Irti sulle lame di una possibile condanna, una creatura umana sostiene l'altra dalle insidie del pregiudizio e dell'ipocrisia. Gli orifizi anali dei due artisti vengono aperti simbolicamente come un abisso oscuro, come un grido capovolto e finale.

At the end of the Sixties, when Gilbert & George began their uninterrupted artistic collaboration in an exceptional partnership, the cultural debate in most of the western world was oriented towards radically breaking down the formal and conceptual barriers between art and life. This revolution, peremptorily carried out by our artists with considerable originality by means of close identification of artistic creativity with the everyday activity of contemporary metropolitan life, gave birth to a series of *actions* that have now become legendary. These actions continued in time until every context that could be immediately identified and defined was exhausted, and they finally found an outlet in the direct correspondence between the artists themselves as individuals and sculpture. Simple gestures like painting their faces with a bronze patina or beating the rhythm of a popular melody for hours on end during crowded events like a collective exhibition were the first signs that the artists had the will and the intention to put their lives and their art on the same level. By presenting themselves as *Living Sculptures*, the artists showed an exemplary dialectical capacity: they were determined to be present as witnesses of human activity and at the same time represent, not art in the traditional sense, but its inexorability as a privileged means for communicating our route through the snares of life and our relations with other individuals.

As time passed it became inevitable and necessary that, because of their great desire to proclaim themselves and offer their *actions* to the whole world, these *actions* should be transposed, naturally fixed and almost crystallised in large drawings or in photobased compositions, generating great frescoes on Man in our time: images that depict the human condition, not through the news, but through the emotions of the soul and the movements of the body, contorted by the determination to impose the self and to lose the self, in the pangs of survival and of living together. In a succession of images both sublime and terrible we see the abysses of alcoholism, the tragic and silent introspection of vacuity and expectation, the claustrophobic anxiety and liberating self-determination in the street life of great cities, the verbal violence and concise truths of urban graffiti, the immanent spirituality, beauty, erotic force and transience of all the elements of human and vegetable nature; a mosaic of lights and images like contemporary legends on the stained glass windows of an imaginary cathedral. The vital energies, the most deeply hidden and contradictory sentiments, the inexorable giddiness provoked by joys and fears, yearned for and dreaded by modern Man, are all vivisected, reflected, traced, uncovered by these artists with incomparable vehemence and presented to each of us with their brutal fascination, their irresistible ruin, their imminent doom. The vulnerability of life, the yoke and burden of history, the devastating energy of sexuality, the oppression and the reassuring illusion of everyday life are all aspects that interpenetrate and confront each other in an alternating series of images, visions, inflamed apparitions set free, moving among the infinite associations of ideas, emotions, conflicts, that the sensuality of a form, a body, a gesture, a shadow, a colour, a word can provoke and succeeds in provoking.

It is therefore evident and consequential that Gilbert & George, ever since the beginning of their exceptional artistic career, have always tried to establish an explicit, honest and unconditional relationship with their spectators. Their primary intention is to start up an intimate but, at the same time, provocative interaction with the public, in which each of us is confronted with their message and inevitably reacts to it in some way. They want to exhort us to take risks, to put in question our role in the context in which we live, our convictions, our fears, our darkest corners, through the inexplicable and overwhelming power of images and words that nourish our minds. Their mod-

ern parable is not imposed on us, but allowed to unfold gradually within us, so that it finds its role and its way into our existence. The presence of the artists themselves in effigy, in most of the *corpus* of their work, symbolises and at the same time emphasises this deep yearning for an interactive relationship with other people; a yearning always courageously poised between a sense of individual responsibility and the transmission of a message on the one hand, a feeling of universal sympathy and suffering on the other.

Gilbert & George do, in fact, expose themselves completely, physically and metaphorically. With crude and ruthless honesty, they reveal their presence and their vicissitudes in the world, capturing and making tangible the analogy and correspondence with those of other human beings in the grip of the infinite troubles of life, the pitiless stratagems of beauty, the inscrutable motives and anxieties of death. As individuals and as artists they struggle ceaselessly for a form of total expression that includes everything and is itself included, that generates and is generated by all those physical and intellectual experiences that regularly recur, that overwhelm and direct our existence, even the most dramatic, even the most banal, even the most denigrated social conventions. They reveal their essence and make public their human progress as individuals and as artists to the point of literally exposing their own nudity, as in the last works presented in this exhibition. They offer their bodies entirely to our senses and our reason in a supreme effort, an extreme example of honesty, solidarity,

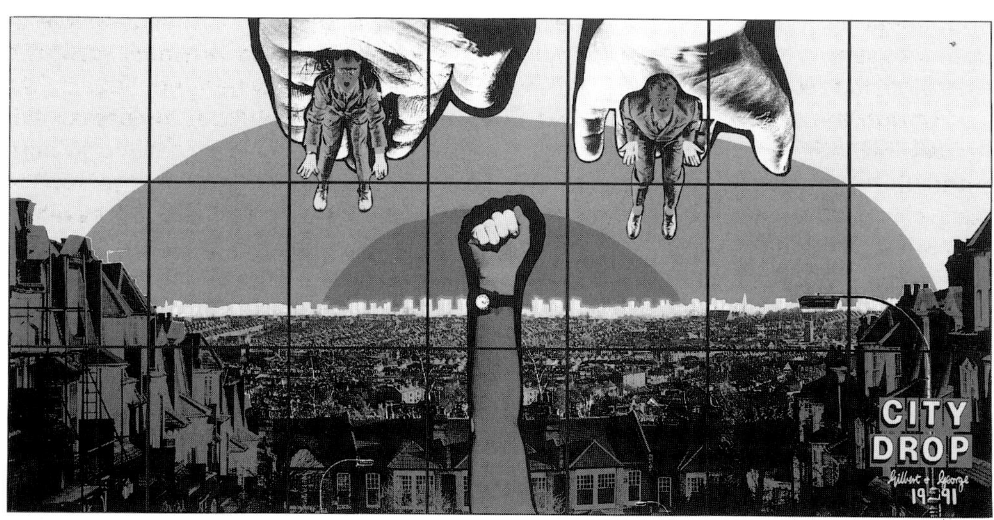

City Drop, 1991

Courtesy Anthony d'Offay Gallery, London

Look, 1989

Courtesy Anthony d'Offay Gallery, London

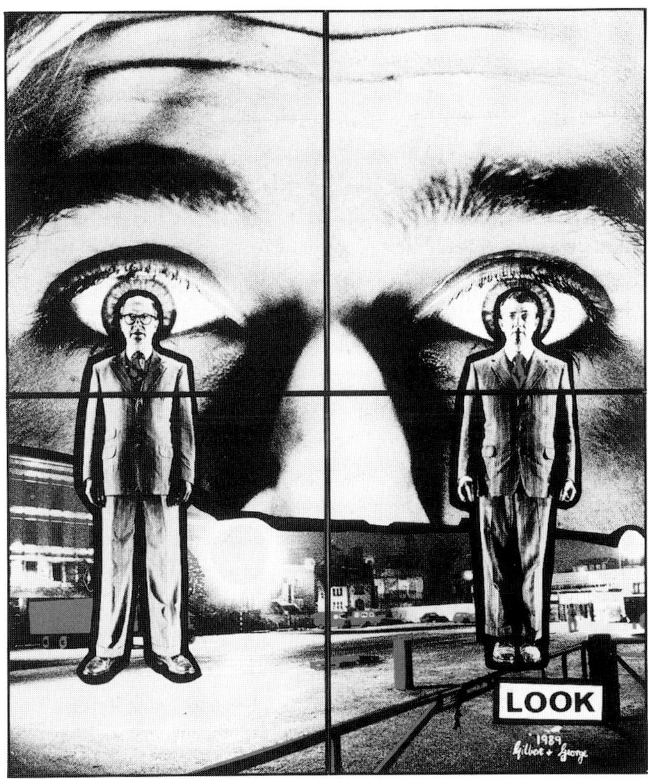

communion, a final message to all those who receive the communication. We are confronted with a further representation of naked truth: by unconventionally and courageously making protagonist and model coincide, they display and unite in one image the greatness and the fall of Man. Even in our civilisation as in those that preceded it, nudity not only represents supreme truth, but materialises a humiliating condition. And it is by sinking to the depths of humiliation that Gilbert & George finally get rid of the burden of every convention, presenting an objective view of humanity that induces us to analyse and crush our prejudices. They invert the terms of the issue and enable us to recognise, in the suffering and anguish of their total exposure, the despair and fragility of the whole human race. Thus the bodily fluids, vital and inalienable lymph, break into the picture as undeniable and universal aspects of reality and emanations of the individual, putting aside all the disparaging, provocative or erotic potential that our society attributes them. The centrifugal force of the outward look carries it towards the inside of the body, so as to elevate and ennoble every aspect of human nature to equal dignity, in an attempt to reach a dimension that leads to full acceptance of reality. Faeces, tears, saliva, blood, sperm, sweat and urine have already appeared on other occasions in many works by Gilbert & George in the course of the last twenty years, but in the last works, their exaltation and fragmentation lead to a sublimation that almost tends towards abstraction and so transforms them into raw materials with which to construct pindaric, autonomous forms, masses and daring sensual combinations. The microscopic reading of urine on tears, or of sperm on sweat, unfolds in an ethereal, unexpected landscape, real and interior at the same time, through the use of the same substances that rhythmically accompany both the basic organic functions and the emotional and sexual affairs in the life of each of us, conferring on both a harmony and a visual seduction that makes a great, dramatic impact. In such compositions, Fortune's wheel, present in the mythological tradition of every civilisation, represents eternal movement and therefore the reversals of fortune, the accidents of destiny, always lying in wait for us in the whirling journey of life. The association of adverse movement with blood, traditionally a symbol and vehicle of vital warmth, alludes to the contemporary plague of Aids.

and to its implications in social relations between individuals, a recurrent theme in the art and in the civil commitment of Gilbert & George since the end of the Eighties. The Celtic wheel with eight spokes on which the round shapes of coins are inscribed, almost engraved, is associated with the symbolism of the myth, which figures the eight directions in space and signifies regeneration. Money, a symbolic vehicle of exchange, is associated with the haematic cell, the vehicle of real exchange between individuals. As opposed to a struggle with religious precepts, evidenced by the legendary destruction of Sodom, here is dramatic appeal for respect and recognition of every form under which human nature is revealed, and of all the infinite possibilities of expression and orientations of desire and of the erotic stimulus of every individual. Spiked on the blades that represent a possible condemnation, one human creature defends the other from the snares of prejudice and hypocrisy. The anal orifices of the two artists are symbolically opened like a dark abyss, a final cry from the abyss.

Iconografia

Angela Tecce

L'opera di Gilbert & George si caratterizza, a partire almeno dai primissimi anni Settanta, per l'ironico e spesso arguto meccanismo di giustapposizione e incastro di immagini diverse; l'uso del montaggio – che non ha nulla di convulso o "cubista" – è programmaticamente elementare: giustapposizione, raddoppiamento, scaglionamento delle figure lungo assi ortogonali o paralleli al piano dell'opera, uso parchissimo di immagini e direttrici oblique. La consuetudine di dare un titolo riferito al loro *contenuto* autorizza a interpretare questi lavori come espressioni di un'ideologia strenuamente attestata sulla frontiera *figurativa* dell'arte contemporanea, ma nello stesso tempo sottilmente e tenacemente legata alle progressive trasformazioni della vicenda artistica degli ultimi anni, nella quale domina incontrastato, e in un certo senso pericolosamente sovrastimato come strumento di comunicazione, il *soma*, il corpo come produttore immediato di senso.

Corpo solipsistico e individuale, malato o maltrattato, esaltato come pura esteriorità o dannato come strumento di schiavitù, trionfante nella sua materialità o "perfezionato" da interventi chirurgici o protesi meccaniche. I due artisti inglesi, così programmaticamente inattuali al loro esordio, assistono oggi all'approdo sulle loro rive di quell'avanguardia da cui si sono tenuti lontani fin dal loro apparire alla fine degli anni Sessanta – come "sculture viventi" e "cantanti" – attraverso l'adozione di un linguaggio all'apparenza pianamente referenziale composto di segni del corpo e del mondo perfettamente riconoscibili, perciò facilmente leggibili, ma che non cessano per questo di essere portatori di significati inquietanti.

Da questi lavori emerge la necessità di ancorarsi a quel "fronte rappresentativo stabile e tradizionalizzato" di cui parla Ernesto De Martino (in *Sud e magia*) come mezzo attraverso il quale si tenta di arrestare il processo di spersonalizzazione conseguente all'affermarsi del negativo della storia o anche, traducendolo nella realtà odierna, dello smarrirsi dell'esperienza individuale nello sterminato labirinto creato dalla società dell'informazione.

All'autoimposizione del proprio corpo come "opera", attuata da Gilbert & George allo scorcio degli anni Sessanta, segue nel decennio successivo la riproduzione, molteplice ma parcellizzata, di se stessi in un fumoso quanto astrattizzante bianco e nero, senza che peraltro si possa intravedere in queste *disiecta membra* un modo o mezzo di ricomposizione. La moltiplicazione della propria immagine parla della frammentazione irriducibile dell'individuo gettato nella storia, irriducibilità che viene sottolineata, piuttosto che lenita, dall'instaurarsi progressivo di un rigoroso comporsi delle opere secondo precisi schemi geometrici: spartizione delle immagini secondo logiche compositive rigidamente simmetriche, suddivisione delle superfici in sottomultipli figurativamente autosufficienti, dialettica tra immagini affettatamente "poetiche" e quelle naturalistiche, o "casuali" fino all'aniconicità. Il contrappunto all'interno di ogni singolo lavoro diventa perciostesso portatore di una complessità di rimandi, tra particolare e generale, e innesca una dinamica sornionamente e brutalmente resecata dai titoli che, col sottolineare un solo dettaglio dell'opera o metterne in rilievo solo una delle immagini, fanno aggio sulla percezione del loro significato.

Nei lavori successivi le griglie compositive si fanno più flessibili, le immagini vengono costruite attraverso tasselli, spesso utilizzando – in senso a-semantico – il rosso, il giallo e progressivamente gli altri colori, utilizzati come una segnaletica elementare, che tende a smontare il meccanismo di risposta emotiva piuttosto che ad indirizzarlo. Il rosso è, ovviamente, il colore del sangue ma è soprattutto quello dell'allarme (si pensi ad un titolo come *Red morning – Death*, nel quale l'inconsequenzialità dei due termini genera un senso di apprensione), il giallo è sulfureo e così via. L'ansia creativa è così stringente, e coinvolgente, da rendere queste serie forse l'unico raggiungimento contemporaneo che possa stare alla pari delle grandi icone pop degli anni Sessanta, nelle quali sacralità del mercato e commercializzazione dell'arte si incarnavano in immagini di perentoria icasticità.

C'è questo aspetto "pop" nelle opere di Gilbert & George ma c'è anche, e diventerà prevalente negli anni Ottanta, la libertà di incapsulare con colori puri e brillanti immagini che si dispongono spesso come variazioni all'interno di una serie, rivestendo di candore infantile la disperante riflessione sulla potenza del desiderio e l'impossibilità di soddisfarlo: si moltiplicano così le immagini di ragazzi che la giovinezza riveste di smaltato splendore. Gilbert & George si dedicano, negli anni Ottanta della Signora Thatcher, del liberismo sfrenato, del corpo come strumento possente di seduzione e del sesso come territorio senza confini, a costruire queste immense e luccicanti iconostasi pervase da un *glamour* spaesato e soffocante, i cui titoli martellanti (*Two – Spore – Here – See – Our*) somigliano a spilli coi quali inchiodarne le spoglie lucide e variopinte nella vetrina ermetica del passato.

Nelle opere degli anni Novanta (come *Shitty, Naked, Human World*) approda in primo piano quello che negli anni precedenti restava un dettaglio crudo, una scoria violentemente realistica: l'escremento diventa soggetto "reale", presenza incombente della società dei consumi – di cui rappresenta l'aspetto più simbolico e rimosso – ma anche il segnale più vistoso di una regressione della società a pratiche infantilmente provocatorie e scandalose. Gilbert & George hanno compiuto un passo al di là della totalizzante e sarcastica danza psichedelica criptografata nei lavori degli anni Ottanta-Novanta, che appare ormai irraggiungibile, al di là della trincea che gli anni hanno scavato tra sguardo desiderante e appagamento narcisistico. La "narrazione" vira allora verso la desolazione apocalittica: compaiono in primo piano i corpi nudi dei due artisti, aggrappati l'uno all'altro di fronte all'indicibile oppure – come le figure di Adamo ed Eva di Masaccio – con i volti coperti dalle mani, ma l'altalena tra i gesti provocatori e le invenzioni dissacranti non allenta il clima veterotestamentario, da valle di Giosafat, che pervade l'intero gruppo.

Le scaramucce con la sessualità (vale a dire con l'omosessualità) che avevano contraddistinto i periodi artistici più recenti lasciano il campo, infine, a un più diretto corpo a corpo con le angosce di fine secolo: la malattia, la vecchiaia, la morte. *New Testamental Pictures* è una serie del 1997, ed è focalizzata in modo quasi esclusivo sul rovesciamento di segno subìto dalla liberatoria promiscuità sessuale degli scorsi decenni. Amaro consuntivo, comune a molte esperienze dell'arte attuale, a conferma della vastità della crisi che ha colpito il corpo quale modello ideologico trionfante, a cui né gioventù né bellezza hanno risparmiato le offese dell'AIDS. L'immagine dei due artisti – quasi sempre nudi - si alterna e sovrappone a questi disturbanti messaggeri del destino che sono i liquidi organici: saliva, sperma, urina e poi sangue, sudore e lacrime (come recita un titolo: *Blood, Sweat and Tears*, scontata citazione churcilliana che appare beffarda perché la morte può arrivare proprio attraverso ciò che una volta ha rappresentato la salvezza).

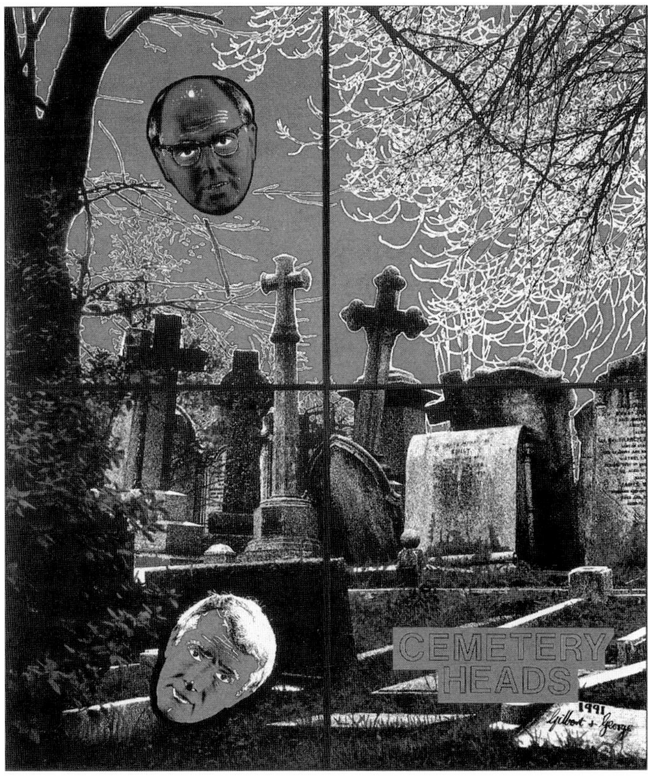

Cemetery Heads
1991
Courtesy Anthony d'Offay
Gallery, London

Ormai ogni sostanza prodotta dal corpo è diventata potenzialmente un'arma mortale e Gilbert & George si raffigurano impegnati in sarcastiche deposizioni o costretti, come in una gogna, a esibire la parte di sé che ha commesso il più nefando e inespiabile dei peccati, quello della sodomia, che la "giustizia" biblica condanna come la più grave delle depravazioni. Intrecciate alle facili allegorie del denaro, sangue e merda della società, compaiono ingrandimenti da microscopio elettronico delle cellule del sangue, della saliva, dell'urina trasformate in arabeschi, in foreste surrealiste, in formazioni cristalline nelle quali a fatica riconosciamo quel che i titoli ci impongono di vedere. Sono mondi sconosciuti e temibili, in cui Gilbert & George si inoltrano, nudi ed inermi, come in procinto di affrontare un viaggio in un universo misterioso, dove le passioni piano piano si spengono e la vita lascia il posto al silenzio.

Iconography

Angela Tecce

The work of Gilbert & George has been characterised, at least from the early Seventies, by the ironic and often witty mechanism of the juxtaposition and combination of different images: the use of montage – though in no way convulsive or "Cubist" – is a fundamental part of their design: juxtaposition, doubling, the staggering of figures along orthogonal axes or axes parallel to the plane of the work, sparing use of images and oblique directions. The custom of giving them a title referring to their *content* authorises us to interpret these works as expressions of an ideology stubbornly located on the *figurative* frontier of contemporary art, but at the same time subtly and tenaciously linked to the progressive developments of art in recent years, in which the *soma*, the body as the immediate producer of meaning, dominates uncontested and in some ways dangerously over-valued as an instrument of communication.

The body – solipsistic and individual, sick or maltreated, exalted as pure exterior or damned as an instrument of slavery, triumphant in its materiality or "perfected" by plastic surgery or mechanical prostheses. The two English artists, so deliberately non-contemporary when they started out, now witness the arrival on their shores of the very avant-garde which they have kept at a distance since their debut in the late Sixties – as "living" and "singing sculptures" – through the adoption of an apparently flatly referential language composed of perfectly recognisable, and therefore easily interpretable signs of the body or the world, which do not cease, despite this, to convey disturbing meanings.

From these works there emerges the need to secure themselves to the "stable and traditionalised front of representation" that Ernesto De Martino speaks of (in *Sud e magia*) as a means with which to attempt to halt the process of depersonalisation resulting from the affirmation of the negative aspect of history or also, to translate it to the present day, of the loss of individual experience in the never-ending labyrinth created by the society of information technology.

The self-imposition of their own bodies as "works of art", carried out by Gilbert & George at the end of the Sixties, was followed in the next ten years by the reproduction of themselves, multiple but fragmented, in a fuzzy and abstracting black and white, without any sign in this *disiecta membra* of a way or a means of re-composition. The multiplication of their own image conveys the irreducible fragmentation of the individual cast into history, an irreducibility that is underlined rather than mitigated by the progressive establishment of a rigorous composition of the works according to precise geometric models: the division of images according to strictly symmetrical forms of compositional logic, the subdivision of the surfaces into figuratively self-sufficient sub-multiples, the dialectic between studiedly "poetic" images and those that are naturalistic, or "casual" to the point of being aniconic. The counterpoint within each individual work thus becomes the bearer of a complex framework of references, from particular to general, and sets off a

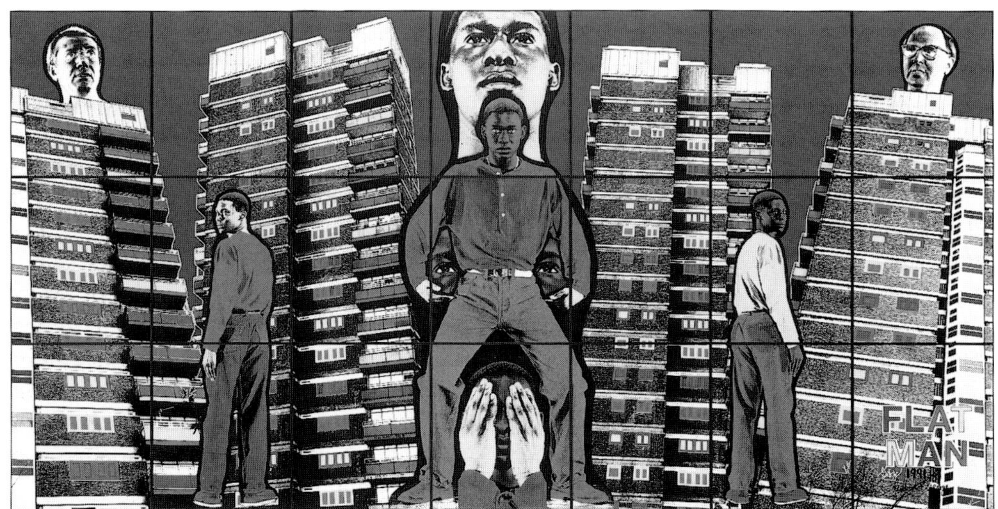

Flat Man, 1991

*Courtesy Anthony d'Offay
Gallery, London*

dynamic that is slyly and brutally severed by the titles which, underlining one single detail of the work or highlighting only one of the images, are at a premium in the perception of their meaning.

In the following works, the compositional grids become more flexible, the images are constructed through small pieces, often using (in an a-semantic way) red, yellow, and gradually the other colours, like an elementary sign-posting that tends to dismantle rather than direct the mechanism of emotional response. Red is obviously the colour of blood, but it is above all that of alarm (consider a title like *Red Morning – Death*, in which the inconsequentiality of the two terms creates a sense of apprehension), yellow is sulphurous, and so on. The creative anguish is so persuasive, so involving, that it makes this series perhaps the only contemporary achievement that can match the great pop icons of the Sixties, in which the sacredness of the market and the commercialisation of art were embodied in images of peremptory graphicness.

The works of Gilbert & George do have this "pop" element, but there is also – and this would become prevalent in the Eighties – a freedom to encapsulate with pure colours and brilliant images that are often arranged as variations within a series, giving a childlike innocence to the desperate reflection on the power of desire and the impossibility of satisfying it: there are thus an increasing number of images of boys endowed by youth with glossy splendour. In the Eighties, the years of Mrs Thatcher, unchecked liberalism, the body as a powerful instrument of seduction and sex as an unbounded territory, Gilbert & George devote themselves to building these immense, shiny iconostases pervaded by a lost and suffocating glamour, whose pounding titles (*Two – Spore – Here – See – Our*) resemble pins with which to nail their bright and colourful clothes in the hermetic shop-window of the past.

In the various series from the Nineties (like *Shitty, Naked, Human World*), what was previously a crude detail, a violently realistic waste product, moves into the foreground: excrement becomes a "real" subject, the looming presence of the consumer society – of which it represents the most symbolic and repressed aspect – but also the most conspicuous sign of the regression of society to childishly provocative and scandalous practices. Gilbert & George have taken a step beyond the all-absorbing and sarcastic psychedelic and cryptographed dance in the works of the Eighties and Nineties, which now appears unreachable, beyond the trench that the years have dug between desiring gaze and narcissistic satisfaction. The "narration" thus turns towards apocalyptic desolation: the naked bodies of the two artists appear in the foreground, clinging to each other in the face of the unsayable or – like Masaccio's figures of Adam and Eve – with their faces covered by their hands, but the alternation between provocative gestures and irreverent inventions does not reduce the Jehoshaphat Valley-like Old Testamental climate that pervades the whole series.

The skirmishes with sexuality (that is with homosexuality) that had characterised recent series give way – in the latest – to a more direct confrontation with the end-of-century anxieties: illness, old age, death. *New Testamental Pictures* is a series from 1997, focussed almost exclusively on the reversal of the liberating sexual promiscuity of previous decades. A bitter conclusion, common to many strands of present-day art, a confirmation of the enormity of the crisis that has struck the body as a triumphant ideological model, from which neither youth nor beauty have been spared the attack from Aids. The image of the two artists – almost always naked – alternates and overlaps with organic liquids, the disturbing messengers of doom: saliva, sperm, and urine, and then blood, sweat and tears (as we see in the title *Blood, Sweat and Tears*, the words of Churchill that seem to be mocking because death can come precisely from what once represented salvation).

Every substance produced by the body is by now a potentially lethal weapon, and Gilbert & George represent themselves engaged in sarcastic depositions or forced, as in the stocks, to exhibit the part of themselves that has committed that most foul and inexpiable of sins, sodomy, which biblical "justice" condemns as the most serious of depravations. Interwoven with facile allegories of money as the blood and shit of society, there appear electronic microscope enlargements of blood cells, saliva, and urine transformed into arabesques, surrealist forests, or crystalline formations in which we struggle to recognise what the titles force us to see. Unknown and frightening worlds, into which Gilbert & George venture, naked and unarmed, as if about to begin a journey to a mysterious universe where passions gradually fade and life gives way to silence.

NEW TESTAMENTAL PICTURES

Piss on Tears, 1997
151x127 cm

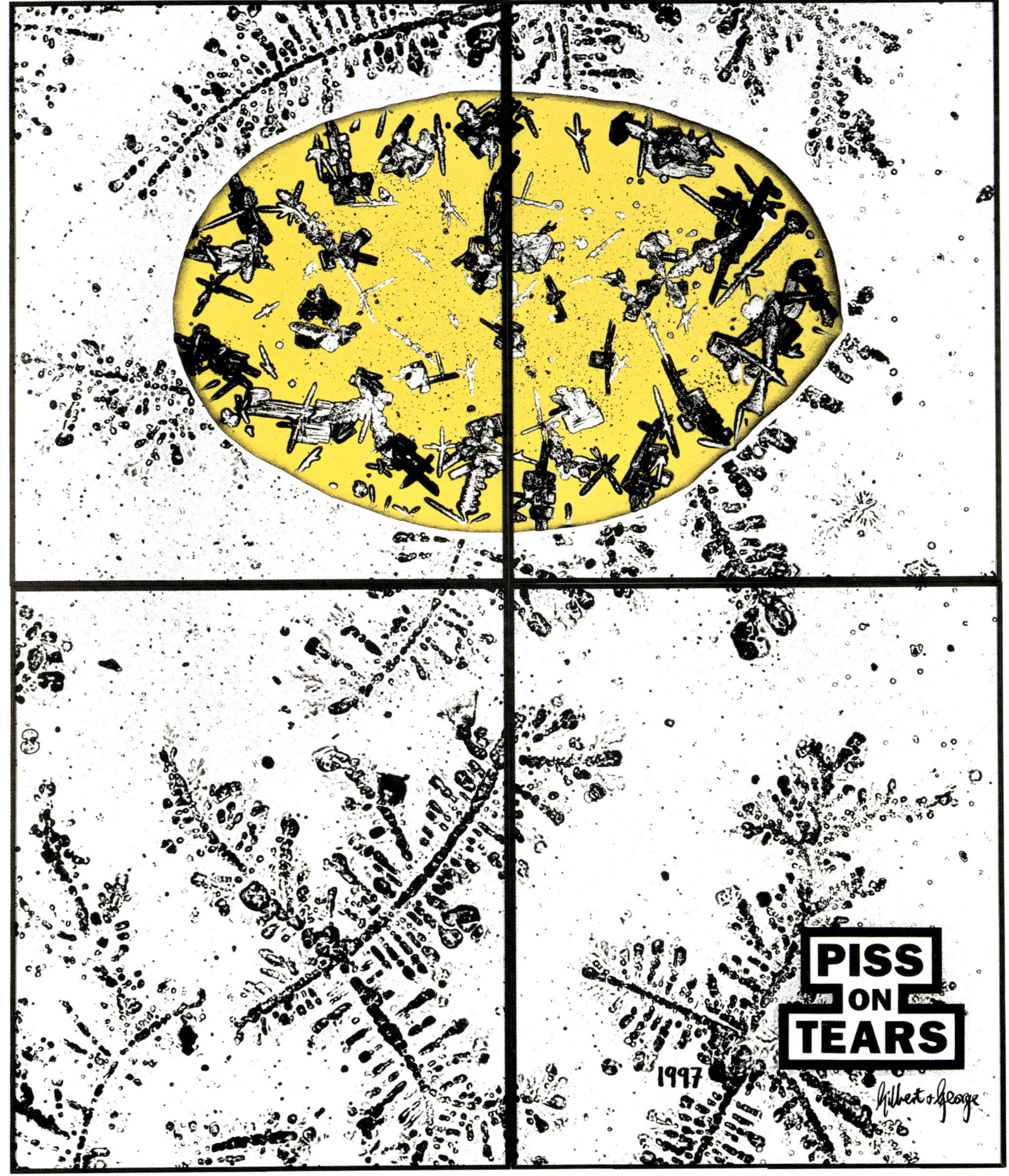

Bloody People, 1997
377x1143 cm

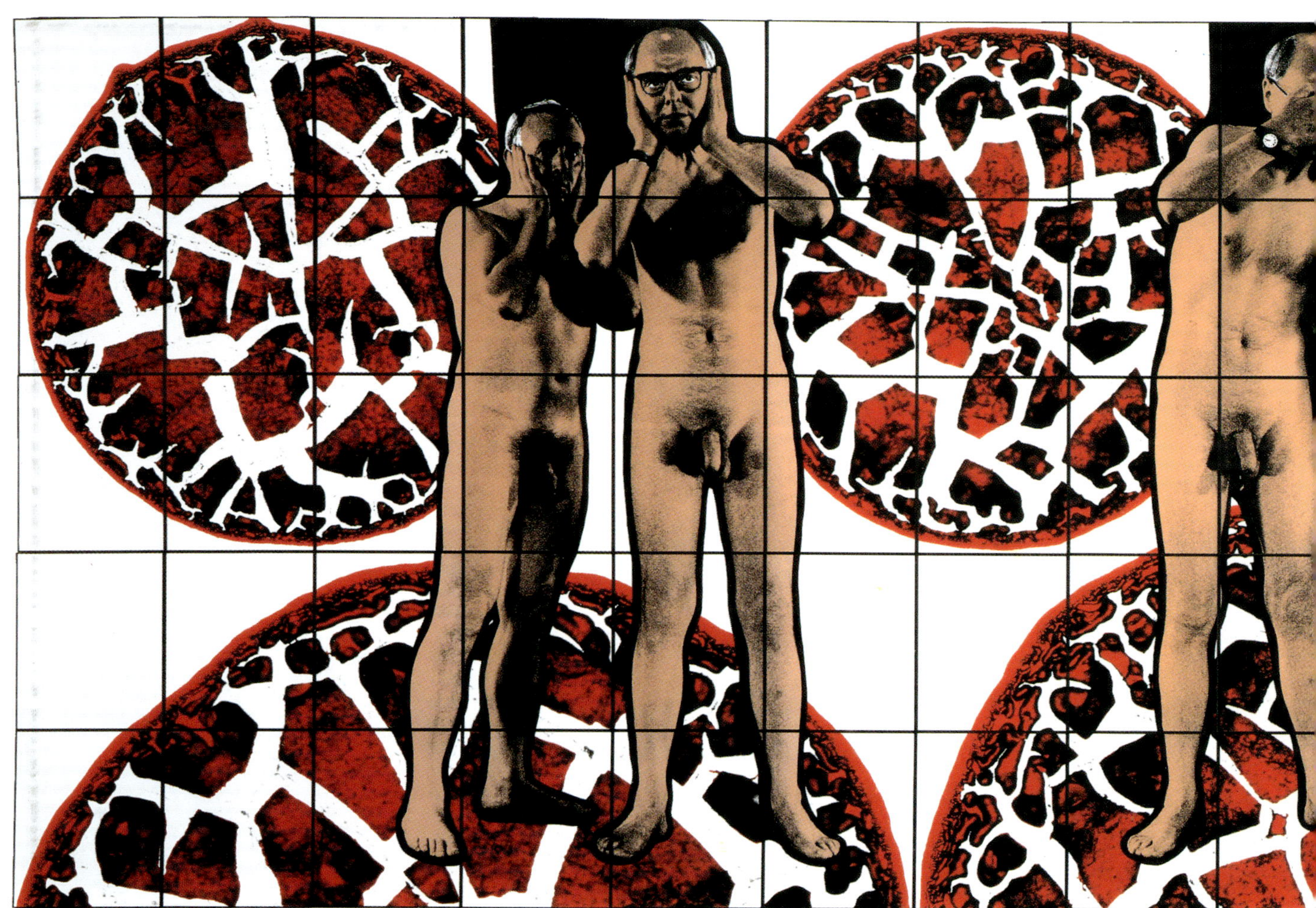

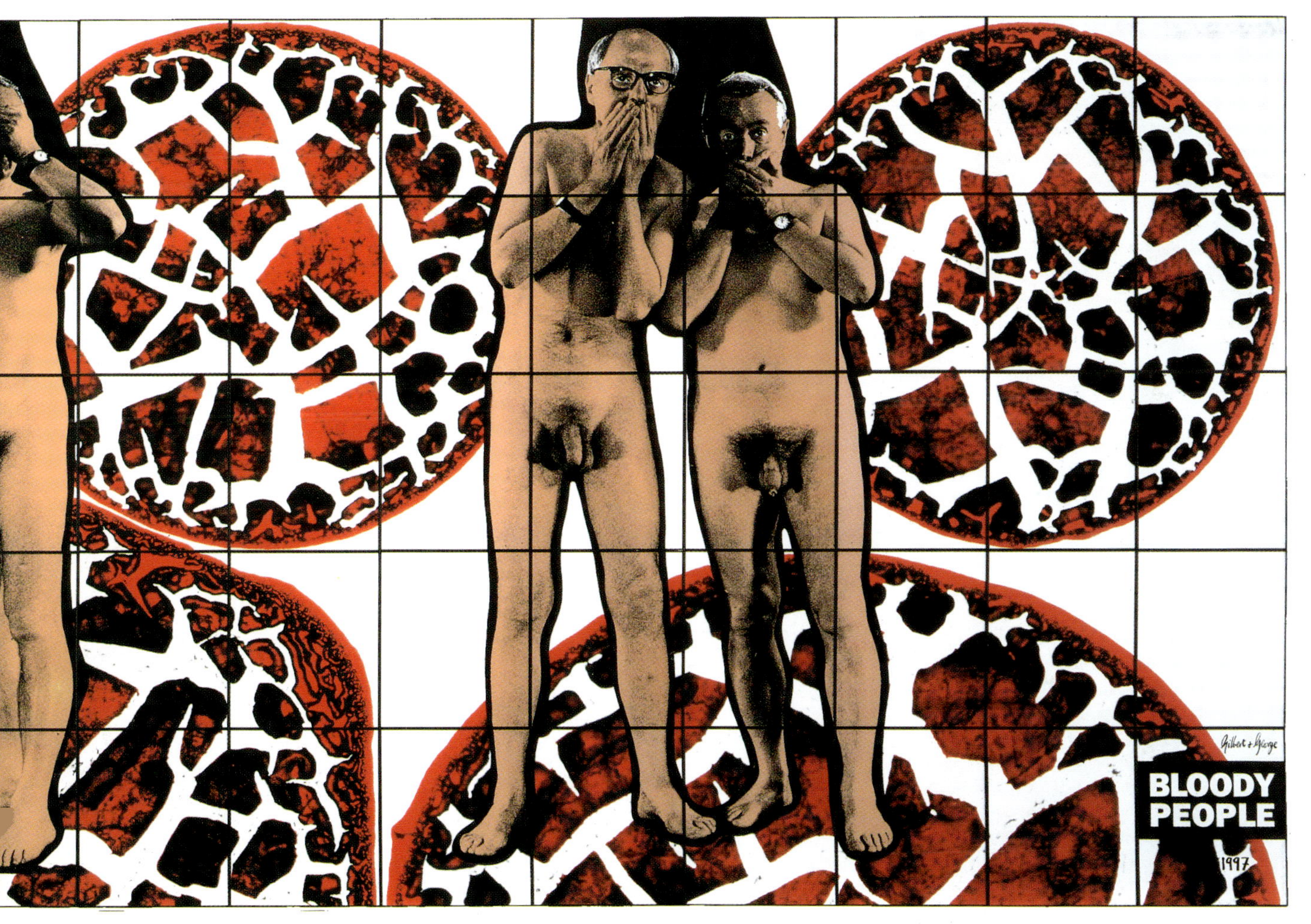

Gilbert & George
BLOODY PEOPLE
1997

Blood on Tears, 1997
127x151 cm

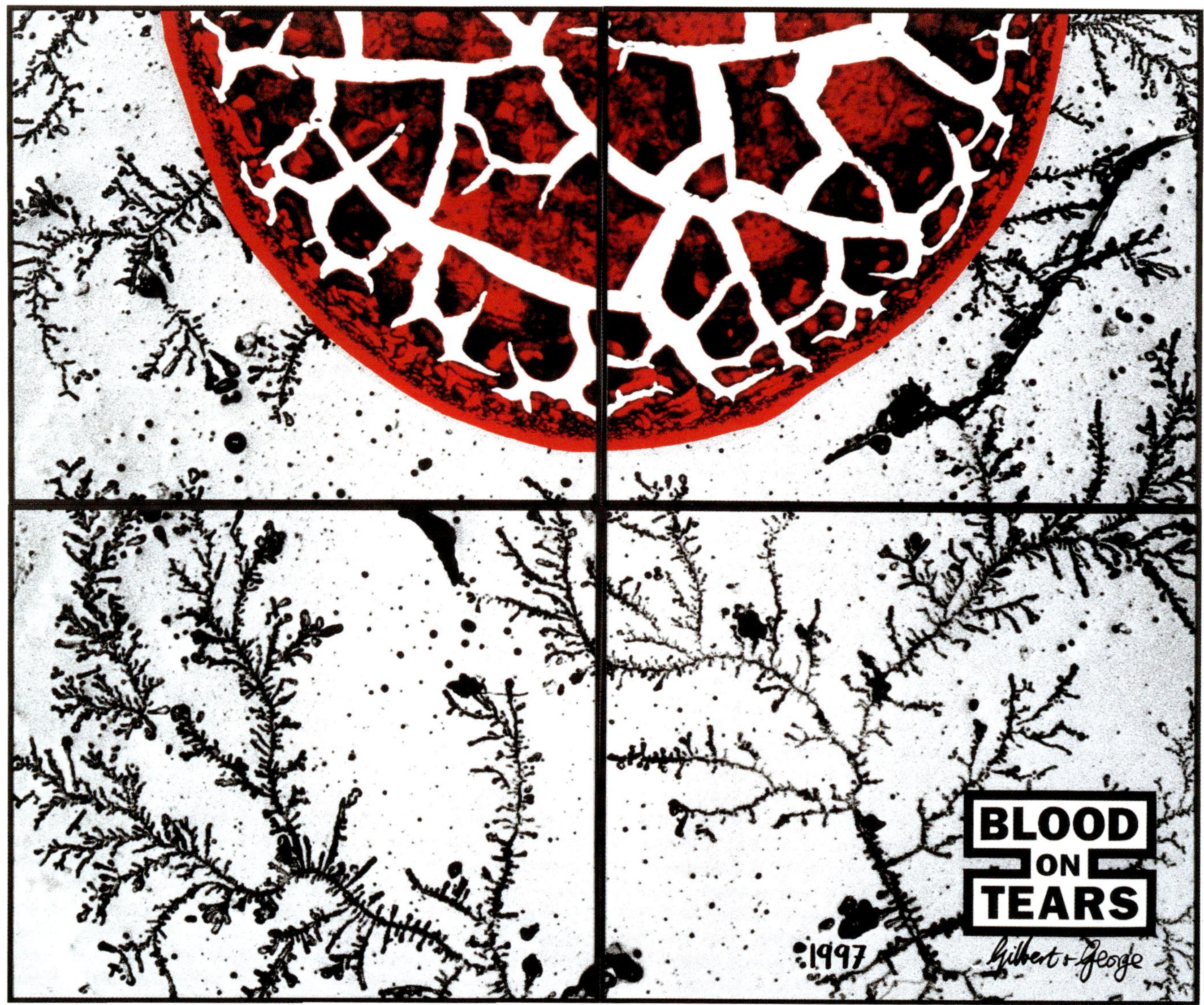

BLOOD
ON
TEARS
1997
Gilbert & George

Blood on Spit, 1997
127x151 cm

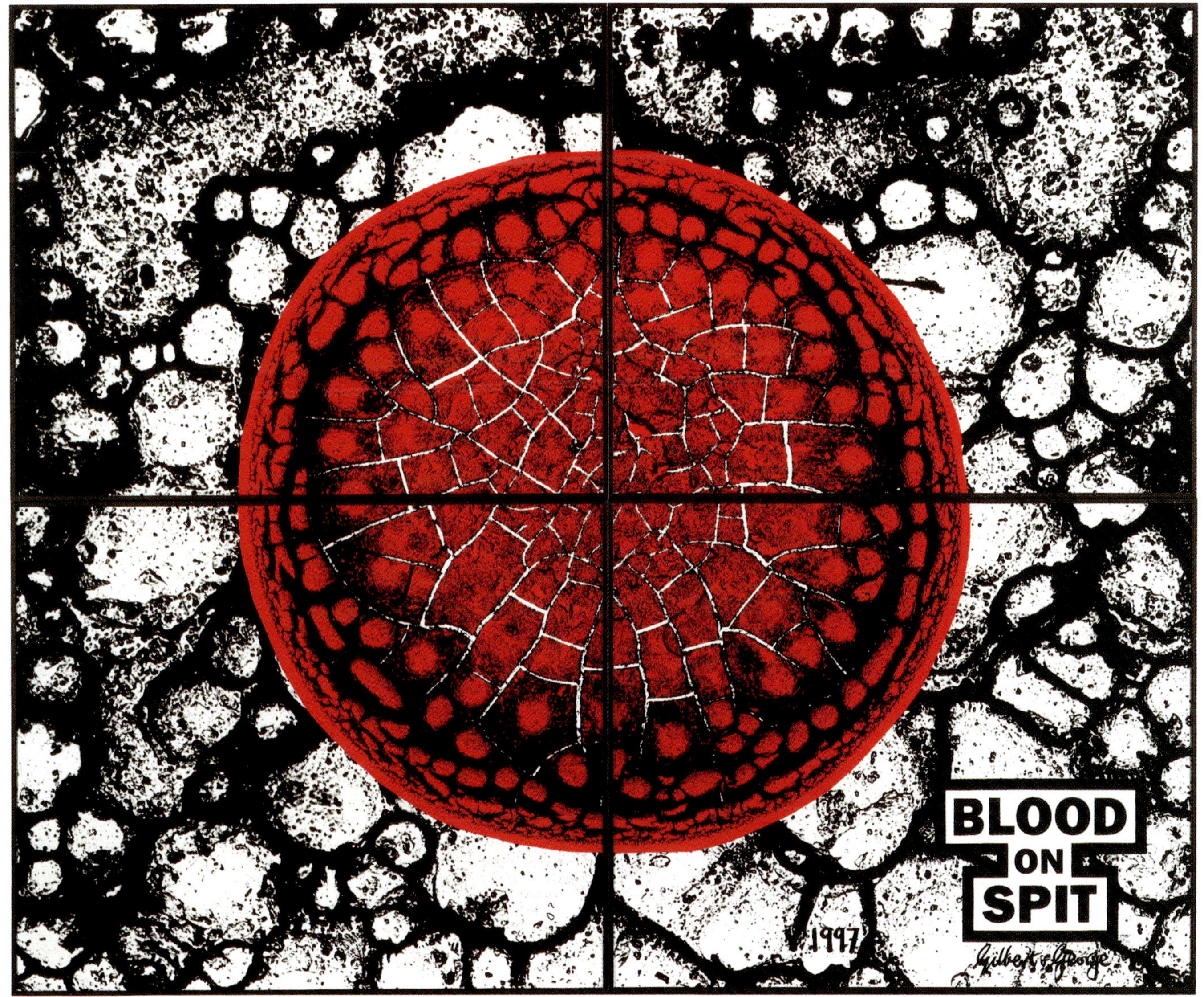

Spit Law, 1997
254x528 cm

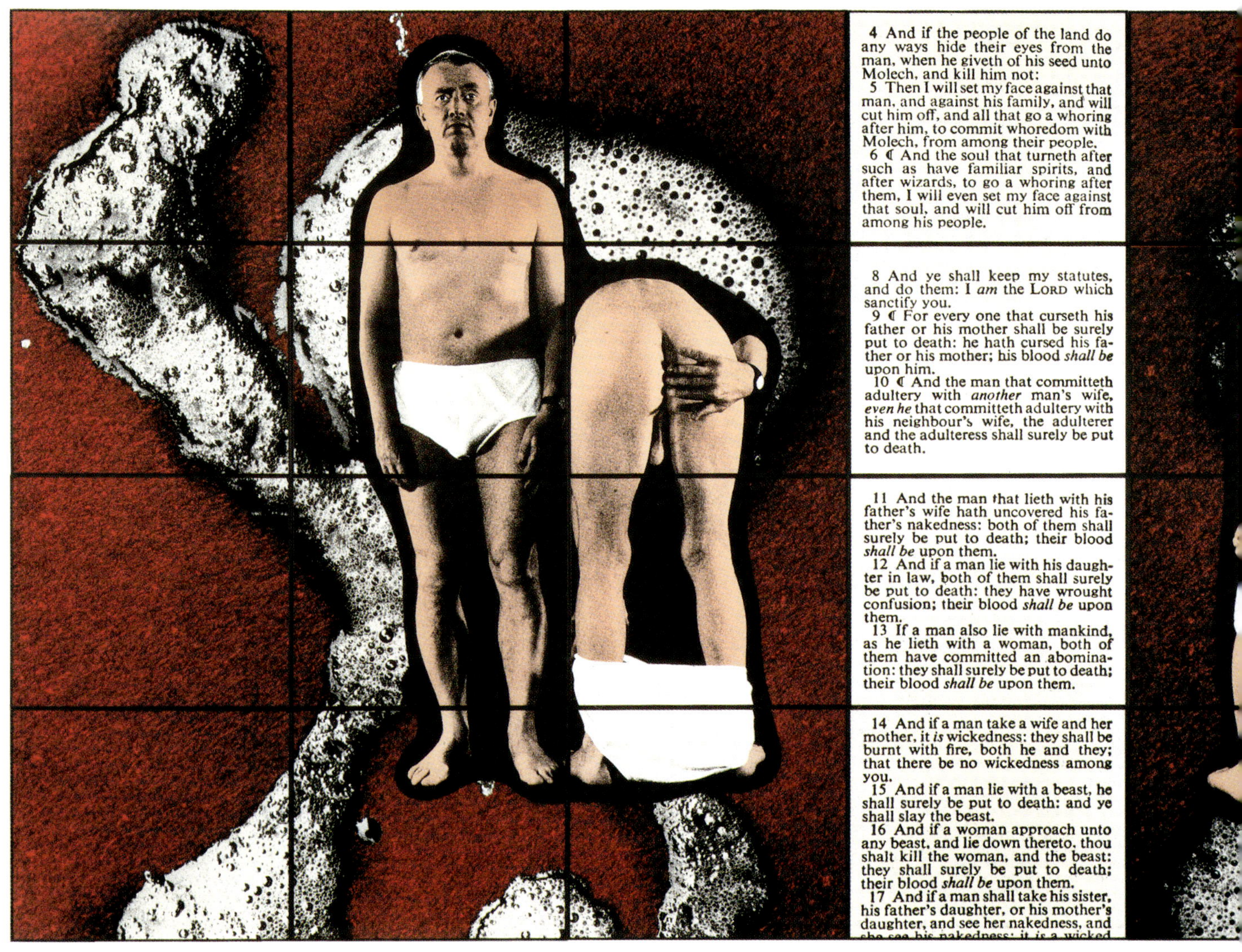

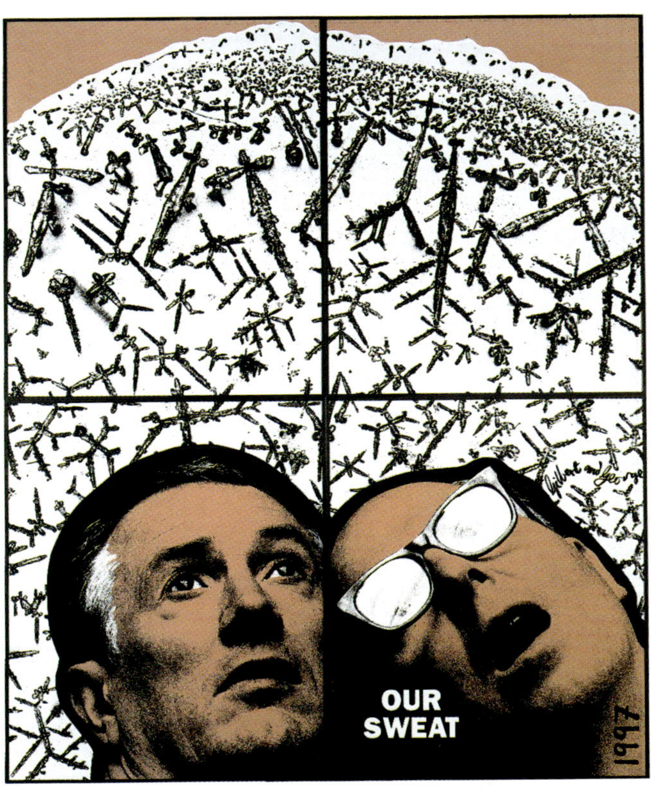

Our Sweat, 1997
151x127 cm

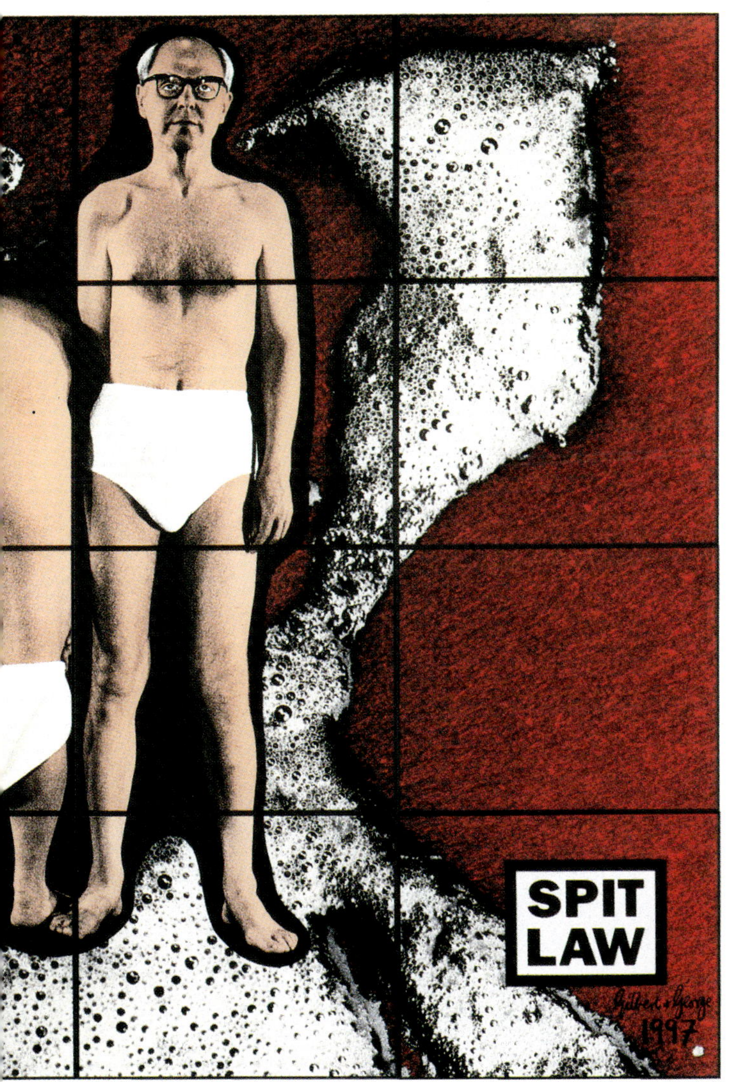

Spit Naked, 1997
226x317 cm

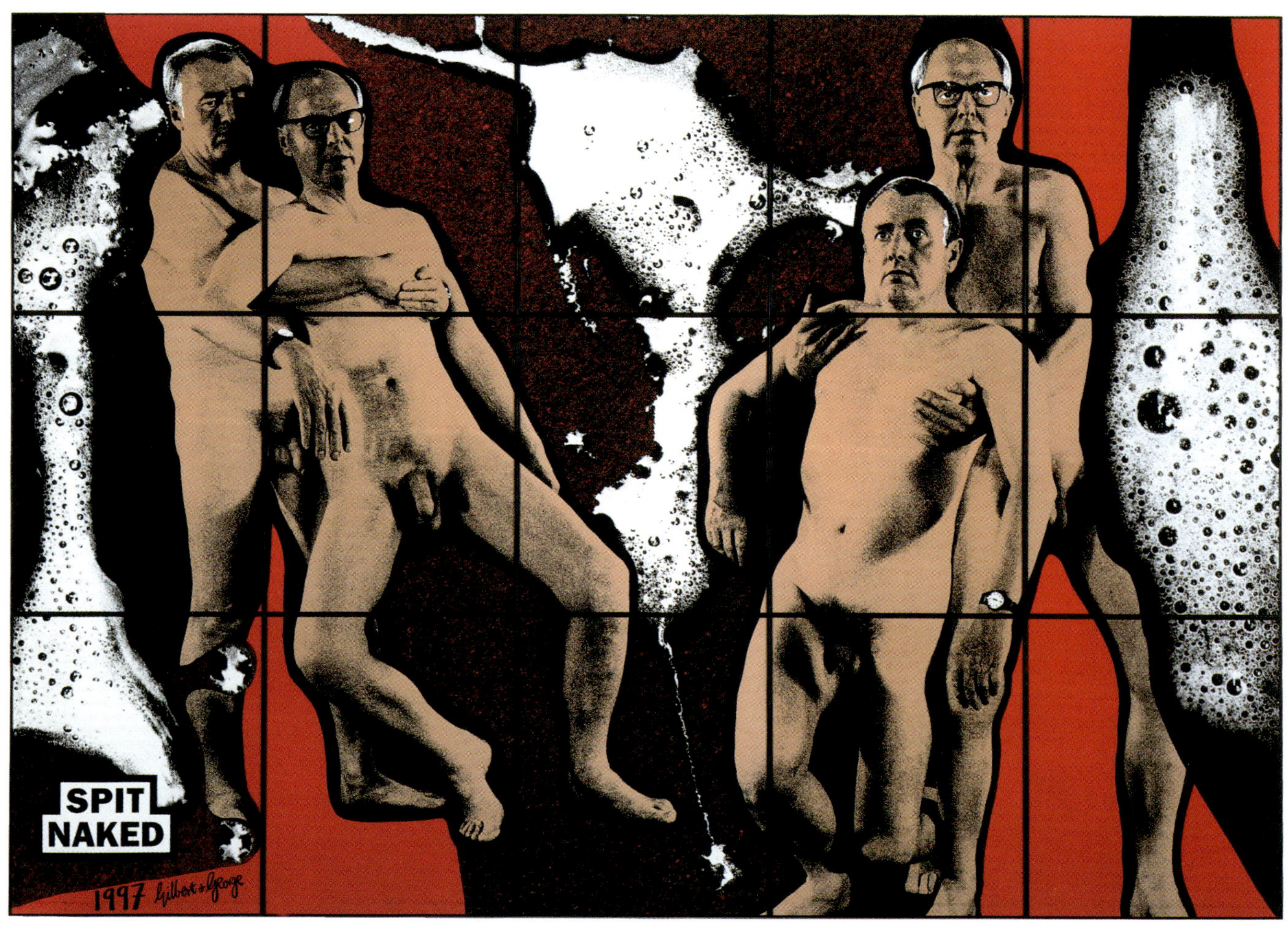

Sodom, 1997
226x317 cm

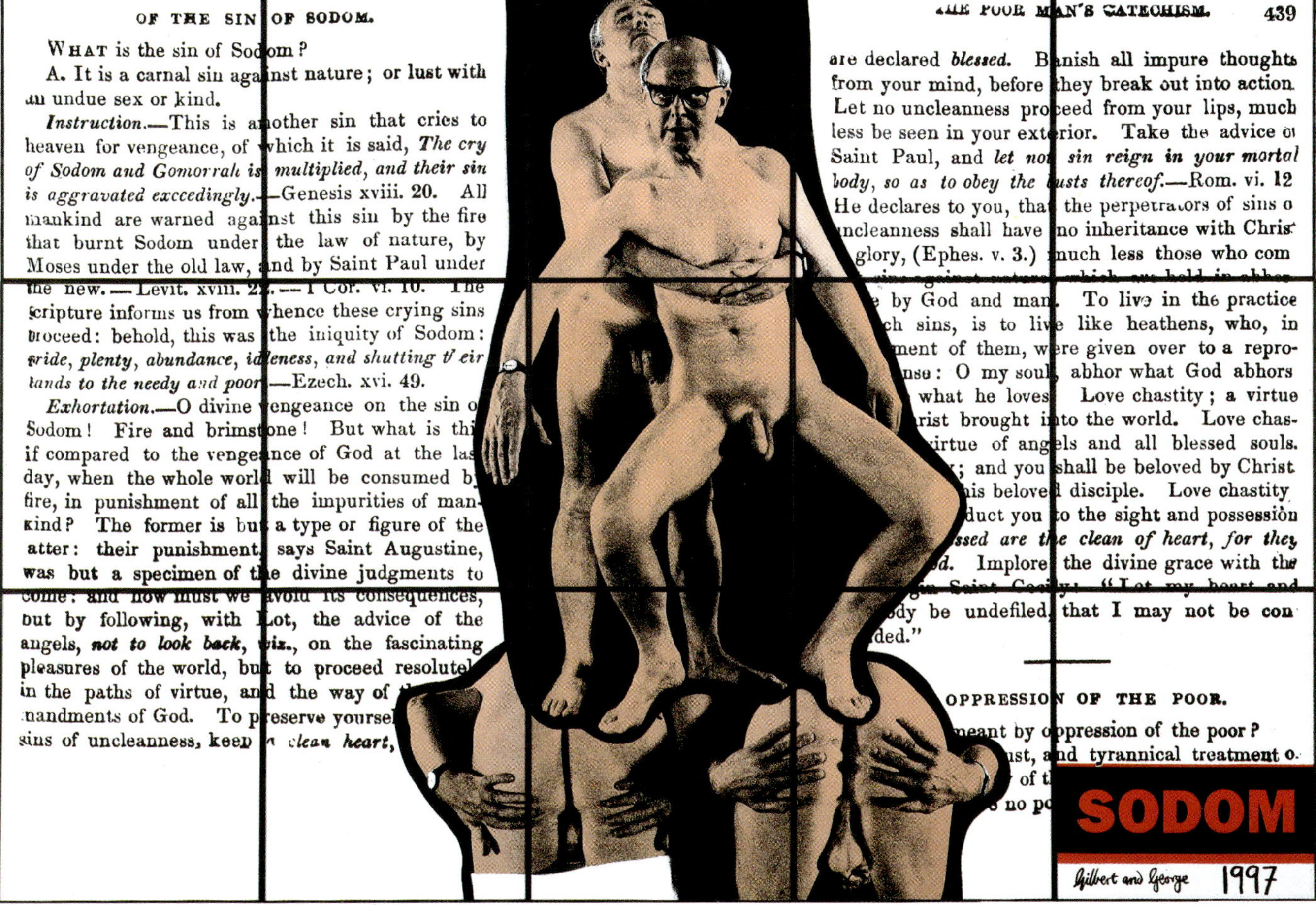

OF THE SIN OF SODOM.

What is the sin of Sodom?

A. It is a carnal sin against nature; or lust with an undue sex or kind.

Instruction.—This is another sin that cries to heaven for vengeance, of which it is said, *The cry of Sodom and Gomorrah is multiplied, and their sin is aggravated exceedingly.*—Genesis xviii. 20. All mankind are warned against this sin by the fire that burnt Sodom under the law of nature, by Moses under the old law, and by Saint Paul under the new.—Levit. xviii. 22.—1 Cor. vi. 10. The scripture informs us from whence these crying sins proceed: behold, this was the iniquity of Sodom: *pride, plenty, abundance, idleness, and shutting their lands to the needy and poor.*—Ezech. xvi. 49.

Exhortation.—O divine vengeance on the sin of Sodom! Fire and brimstone! But what is this if compared to the vengeance of God at the last day, when the whole world will be consumed by fire, in punishment of all the impurities of mankind? The former is but a type or figure of the latter: their punishment, says Saint Augustine, was but a specimen of the divine judgments to come: and how must we avoid its consequences, but by following, with Lot, the advice of the angels, *not to look back, viz.*, on the fascinating pleasures of the world, but to proceed resolutely in the paths of virtue, and the way of the commandments of God. To preserve yourself sins of uncleanness, keep *a clean heart,*

THE POOR MAN'S CATECHISM. 439

are declared *blessed.* Banish all impure thoughts from your mind, before they break out into action. Let no uncleanness proceed from your lips, much less be seen in your exterior. Take the advice of Saint Paul, and *let not sin reign in your mortal body, so as to obey the lusts thereof.*—Rom. vi. 12 He declares to you, that the perpetrators of sins of uncleanness shall have no inheritance with Christ glory, (Ephes. v. 3.) much less those who com... by God and man. To live in the practice ...ch sins, is to live like heathens, who, in ...ment of them, were given over to a repro...nse: O my soul, abhor what God abhors ... what he loves. Love chastity; a virtue ...rist brought into the world. Love chas...irtue of angels and all blessed souls. ...; and you shall be beloved by Christ ...is beloved disciple. Love chastity ...duct you to the sight and possession ...ssed are *the clean of heart, for they* ...d. Implore the divine grace with the ... Saint Cecily: "Let my heart and ...dy be undefiled, that I may not be con...ded."

OPPRESSION OF THE POOR.

...meant by oppression of the poor? ...st, and tyrannical treatment of ... of t... ...no po...

Blood Money, 1997
254x604 cm

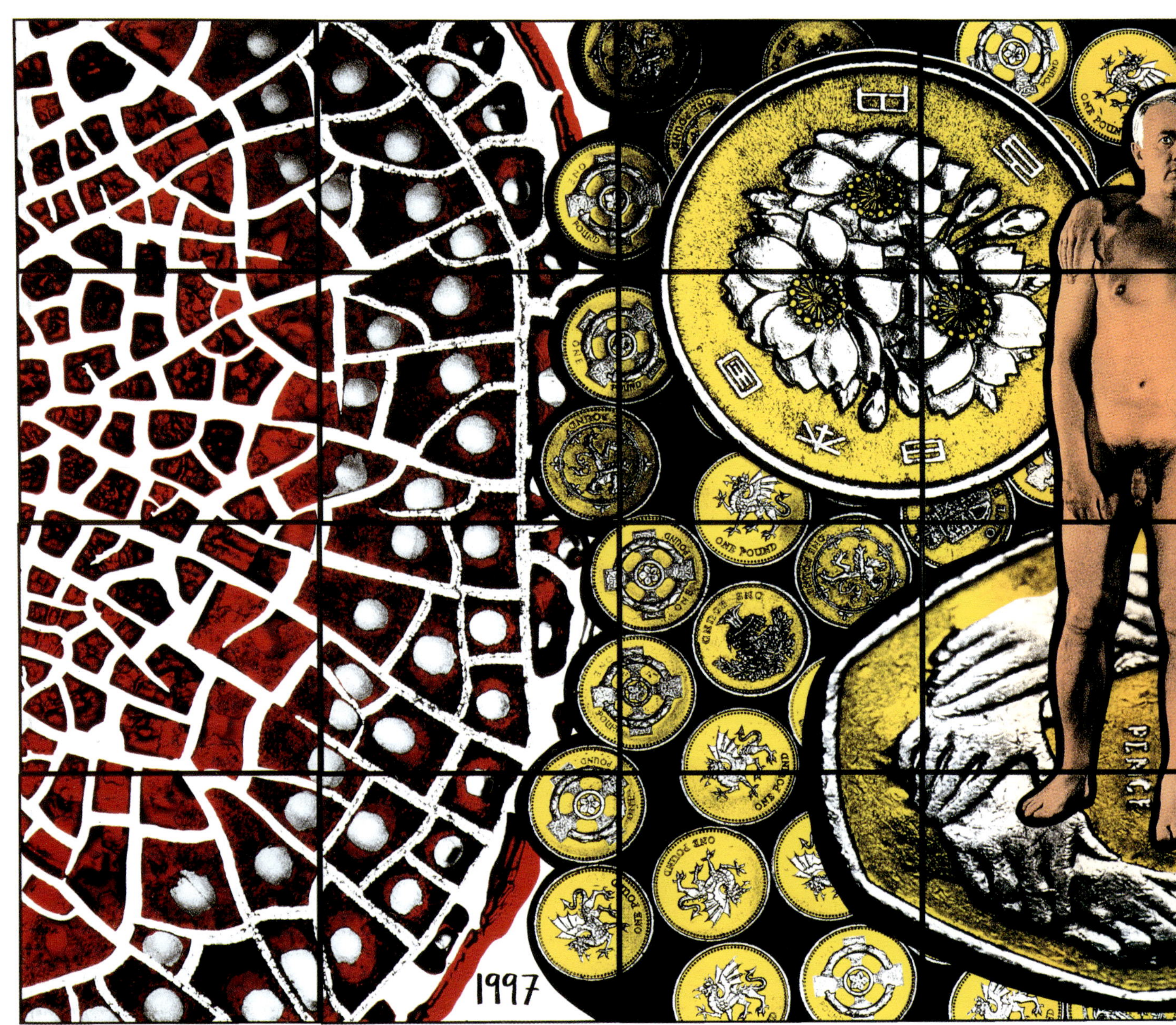

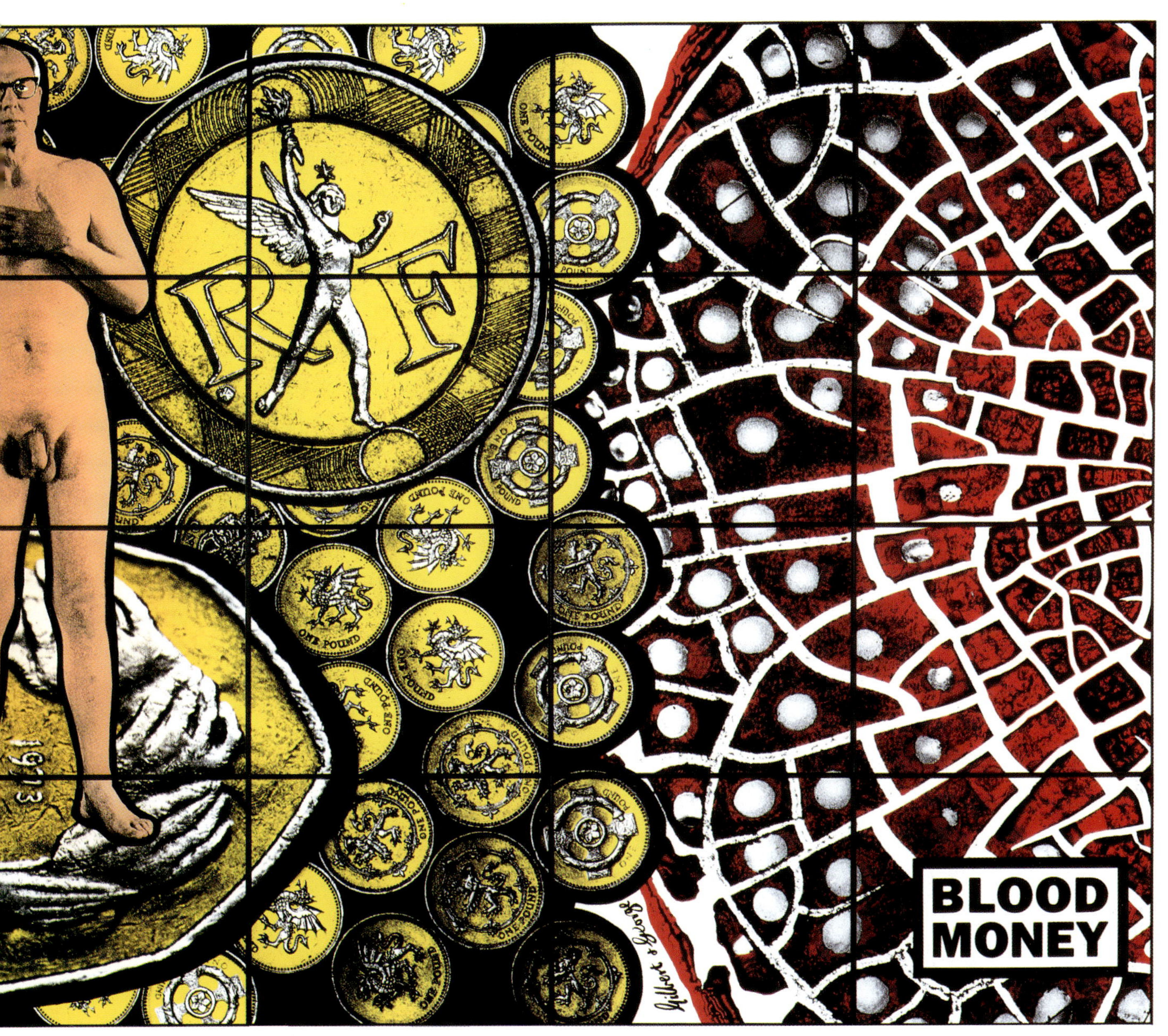

RF
BLOOD
MONEY

Bloody Wheel of Fortune, 1997
226x190 cm

Blood and Tears, 1997
190x377 cm

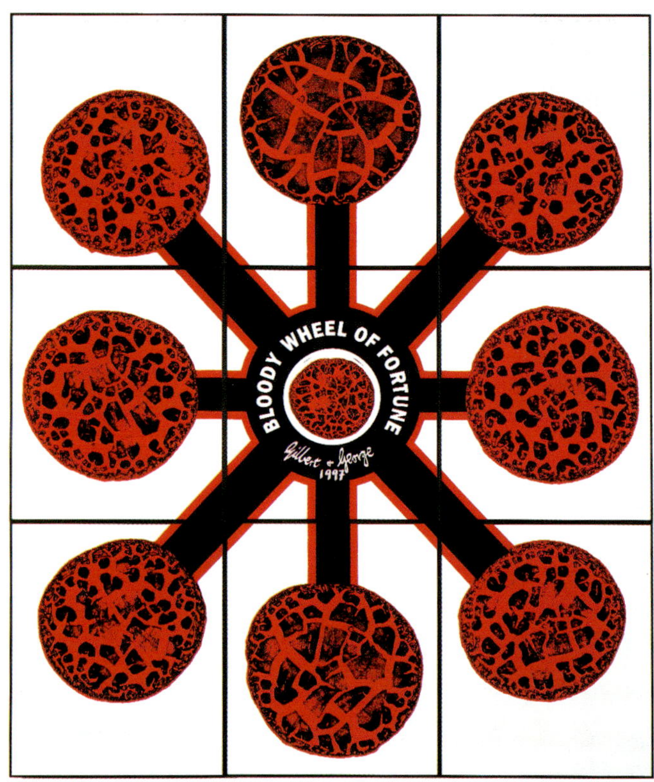

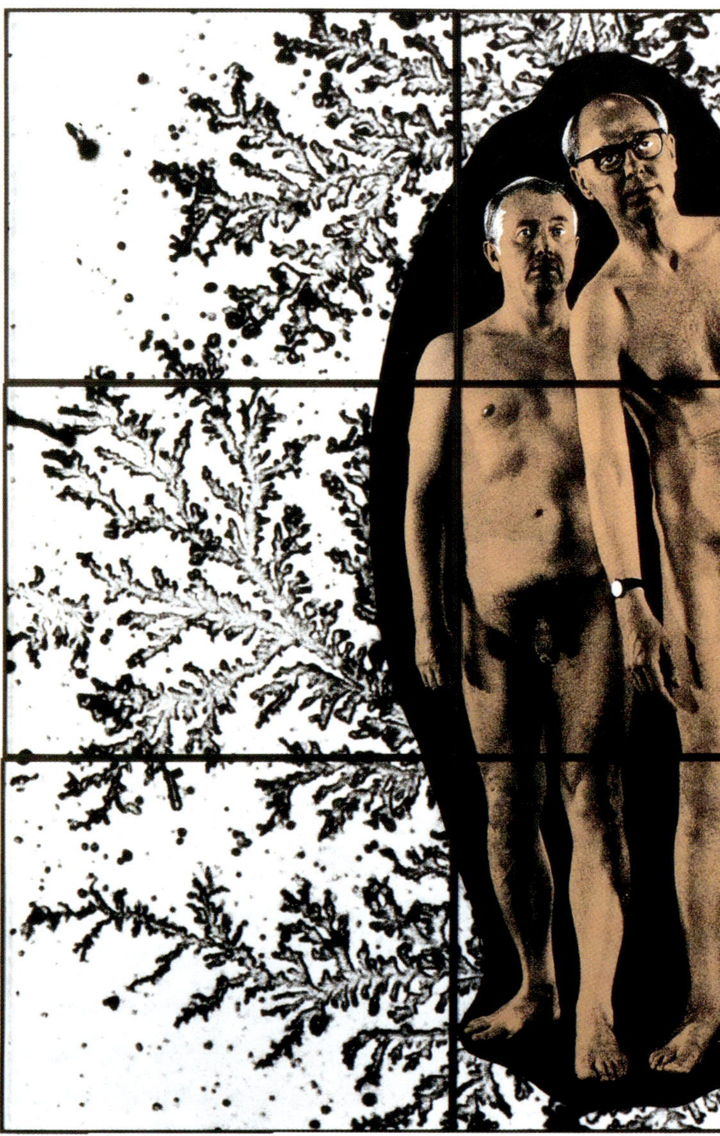

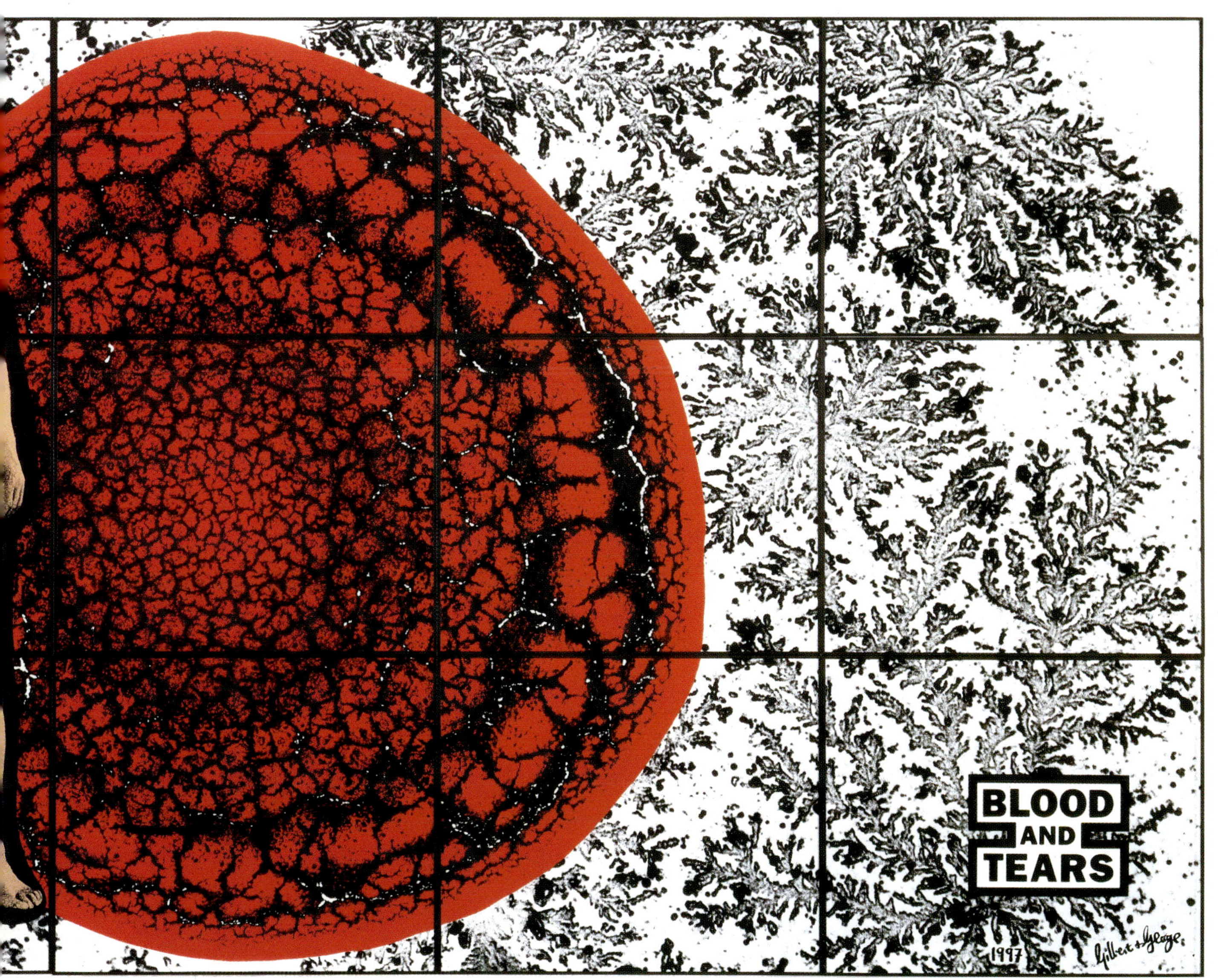
BLOOD
AND
TEARS
1997
Gilbert & George

Money Wheel of Life, 1997
190x226 cm

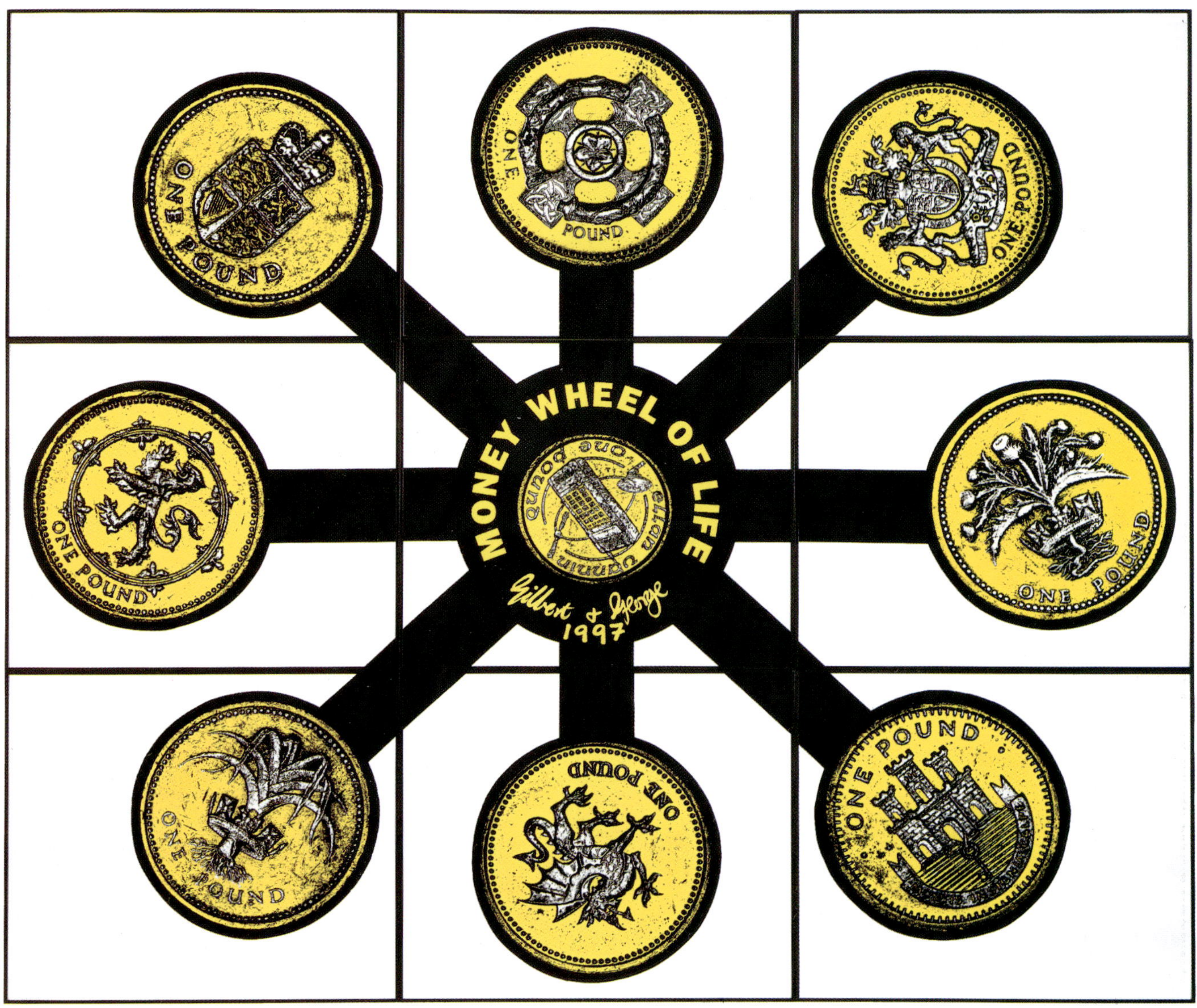
MONEY WHEEL OF LIFE
Gilbert & George
1997

Blood on Spunk, 1997
190x226 cm

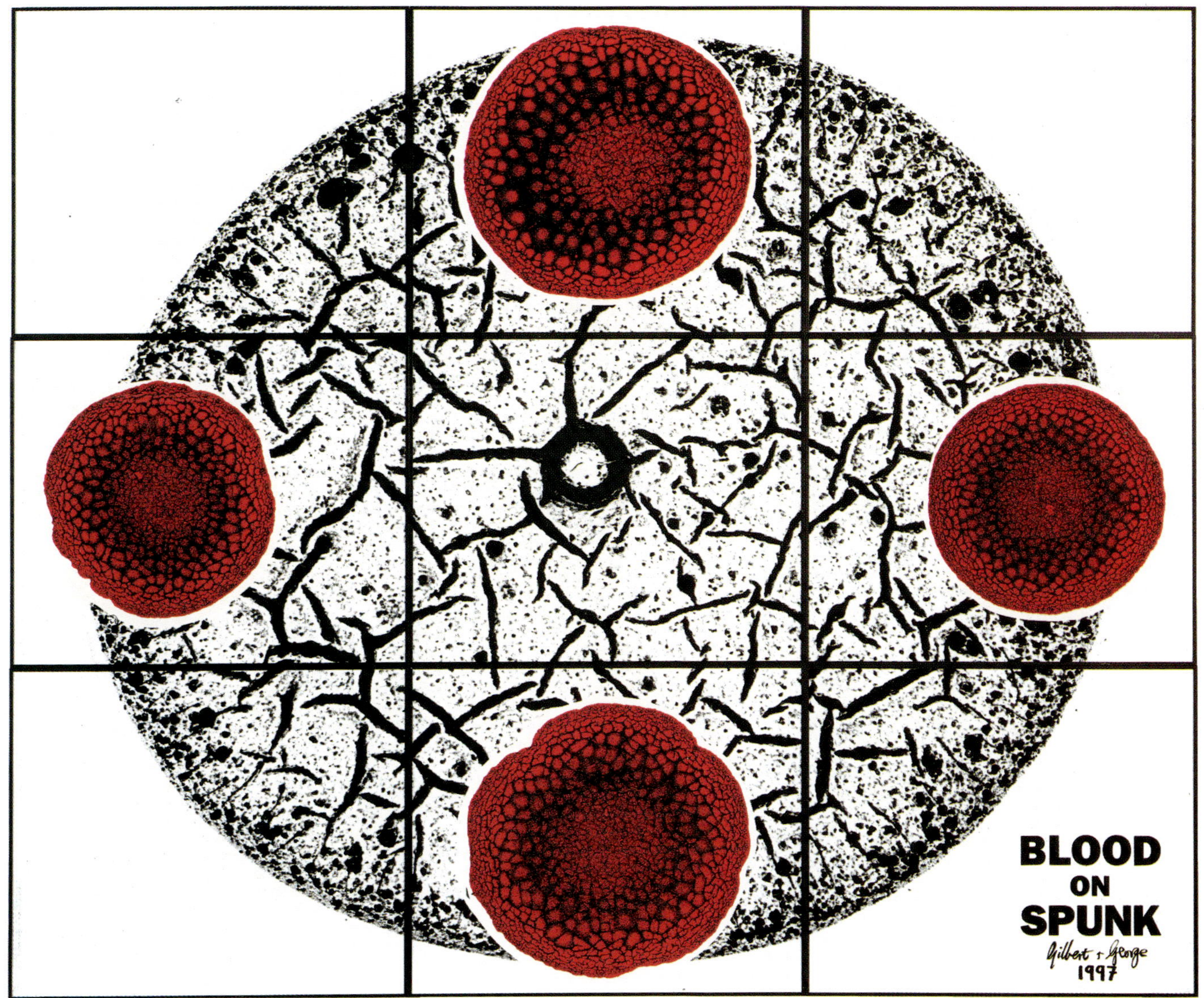

Blood on Sweat, 1997
190x377 cm

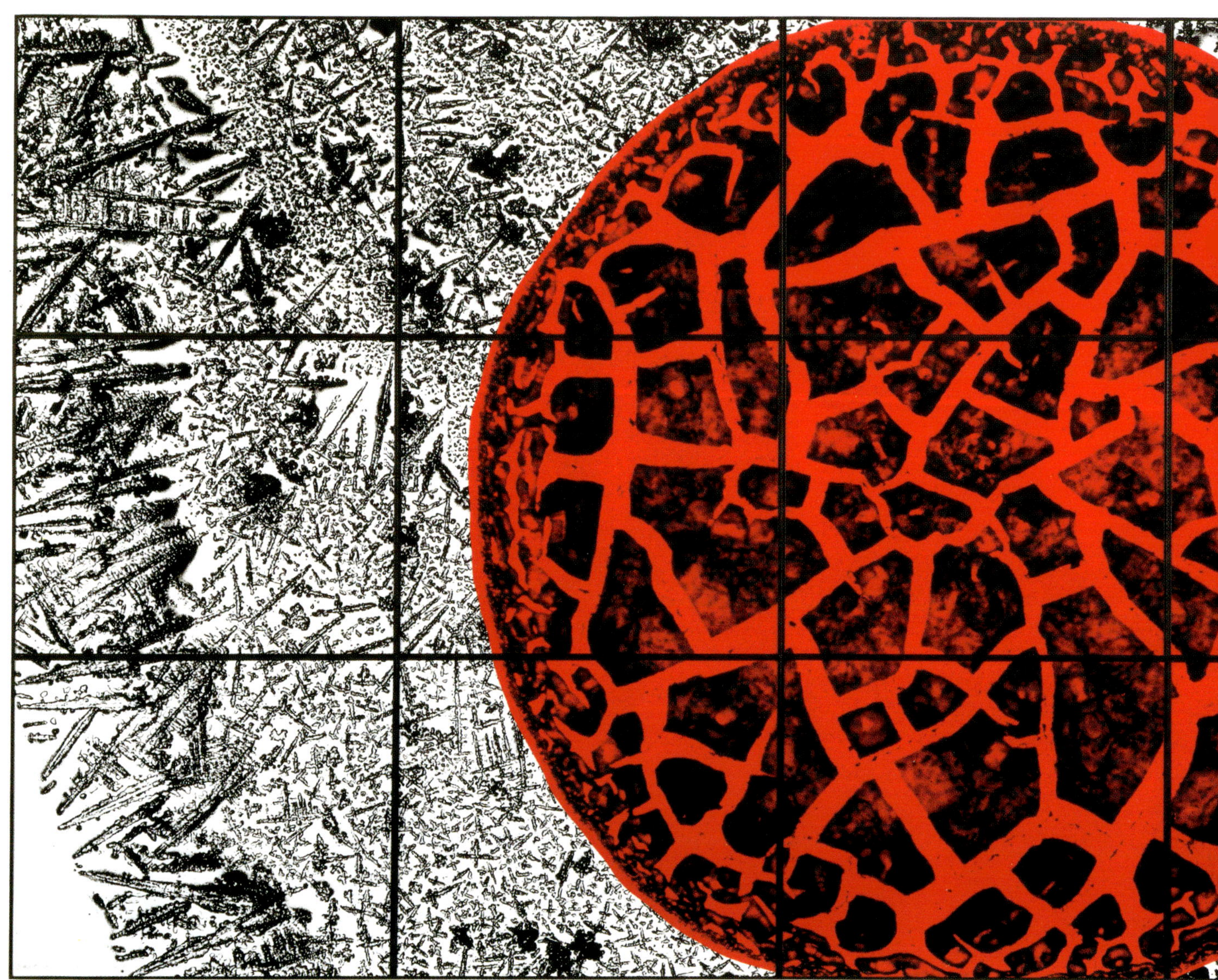

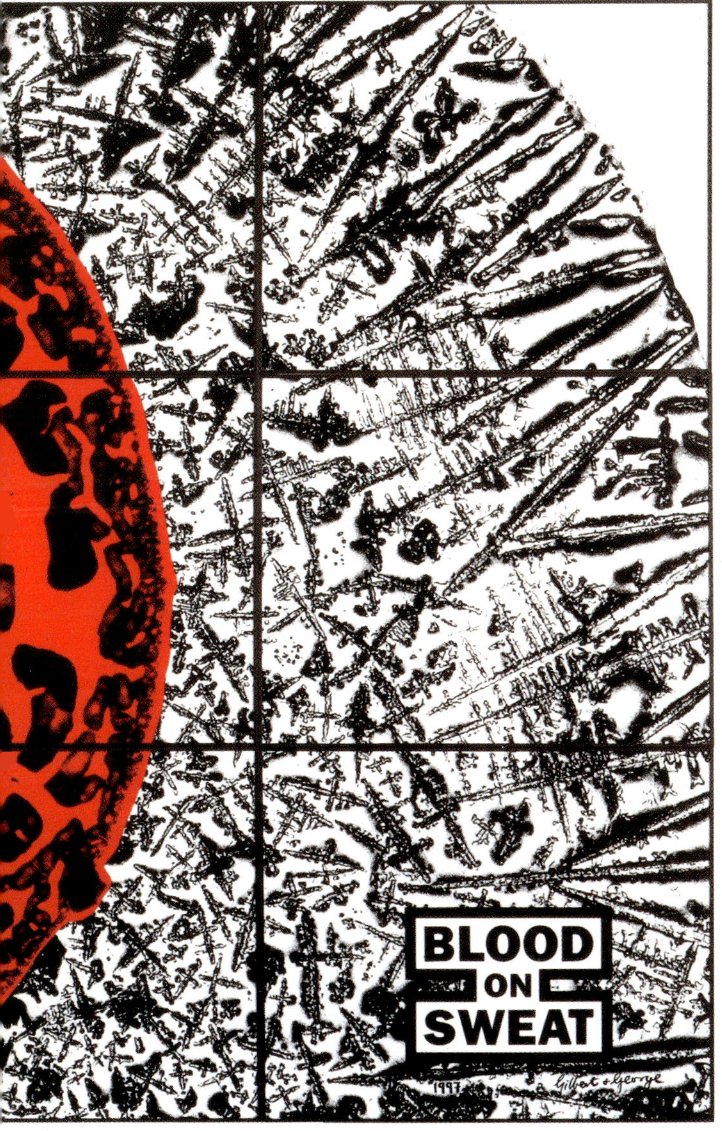

Money and Shit, 1997
226x190 cm

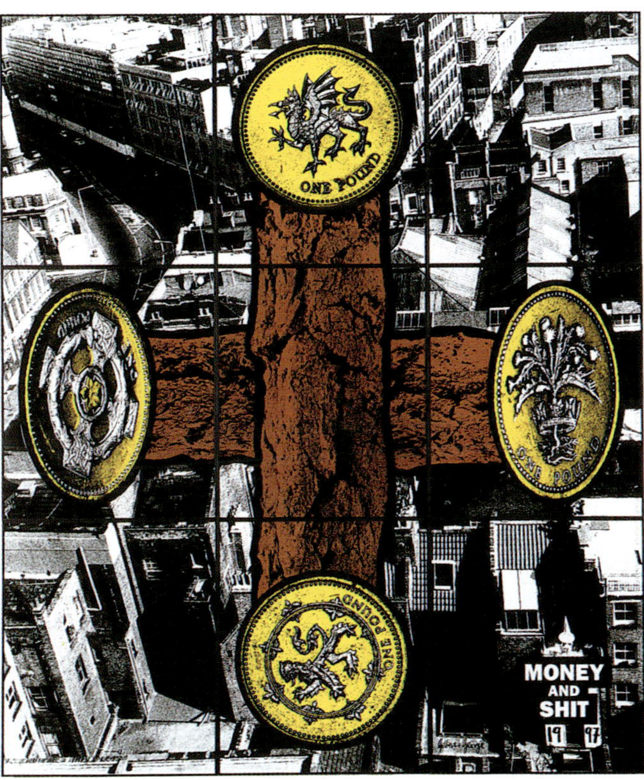

Sweat, 1997
254x604 cm

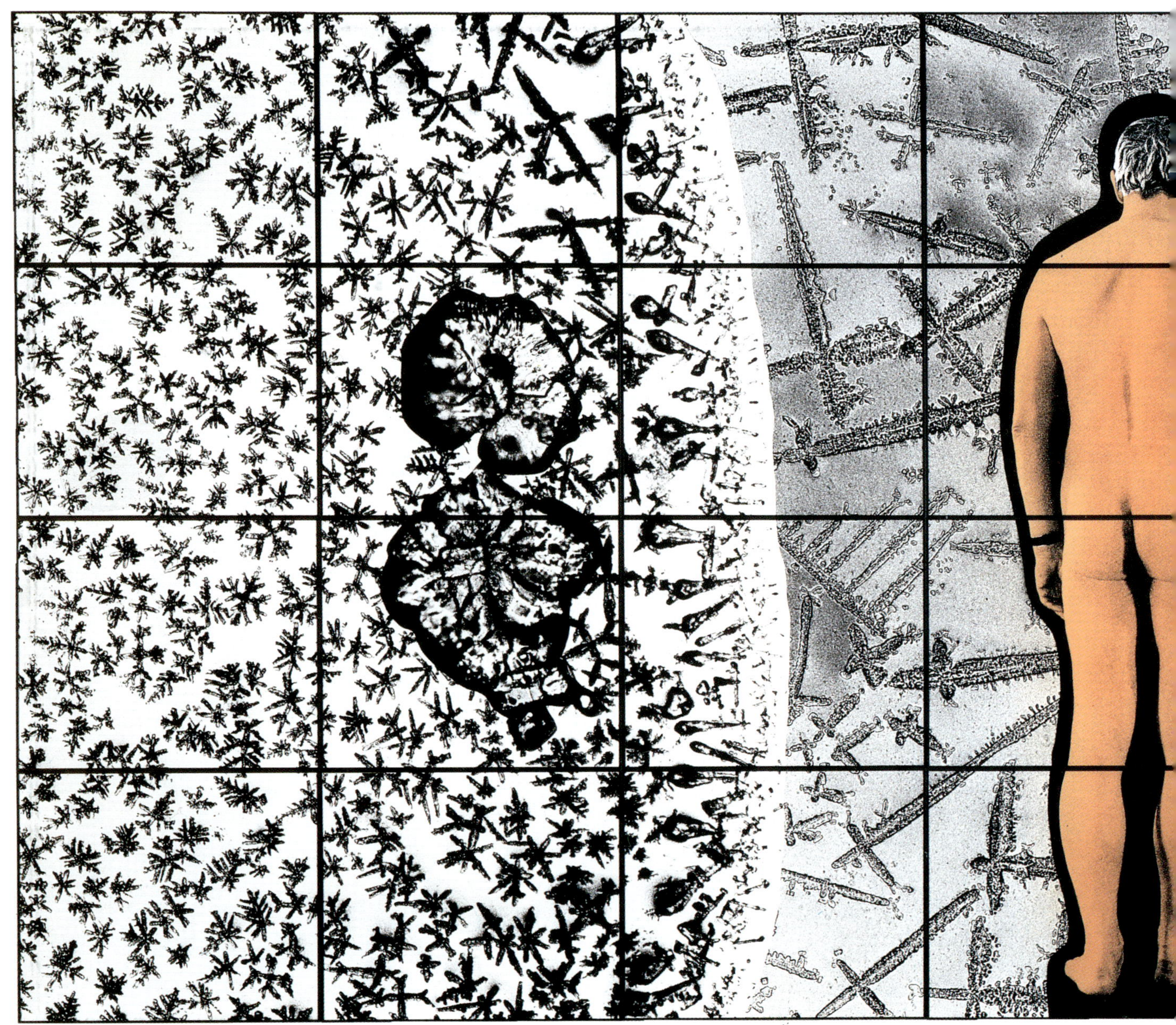

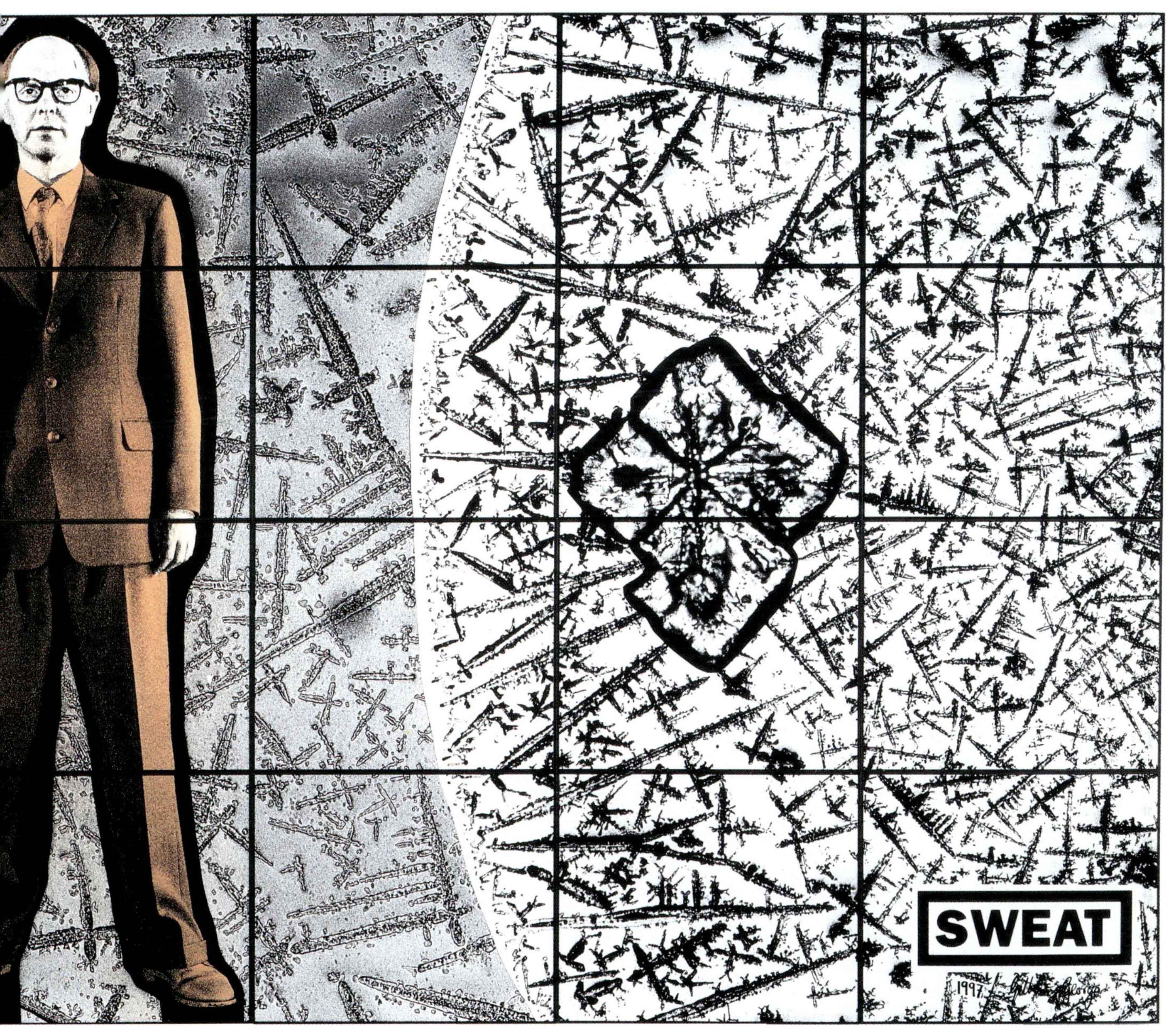
SWEAT
1997

Spunk on Sweat, 1997
127x151 cm

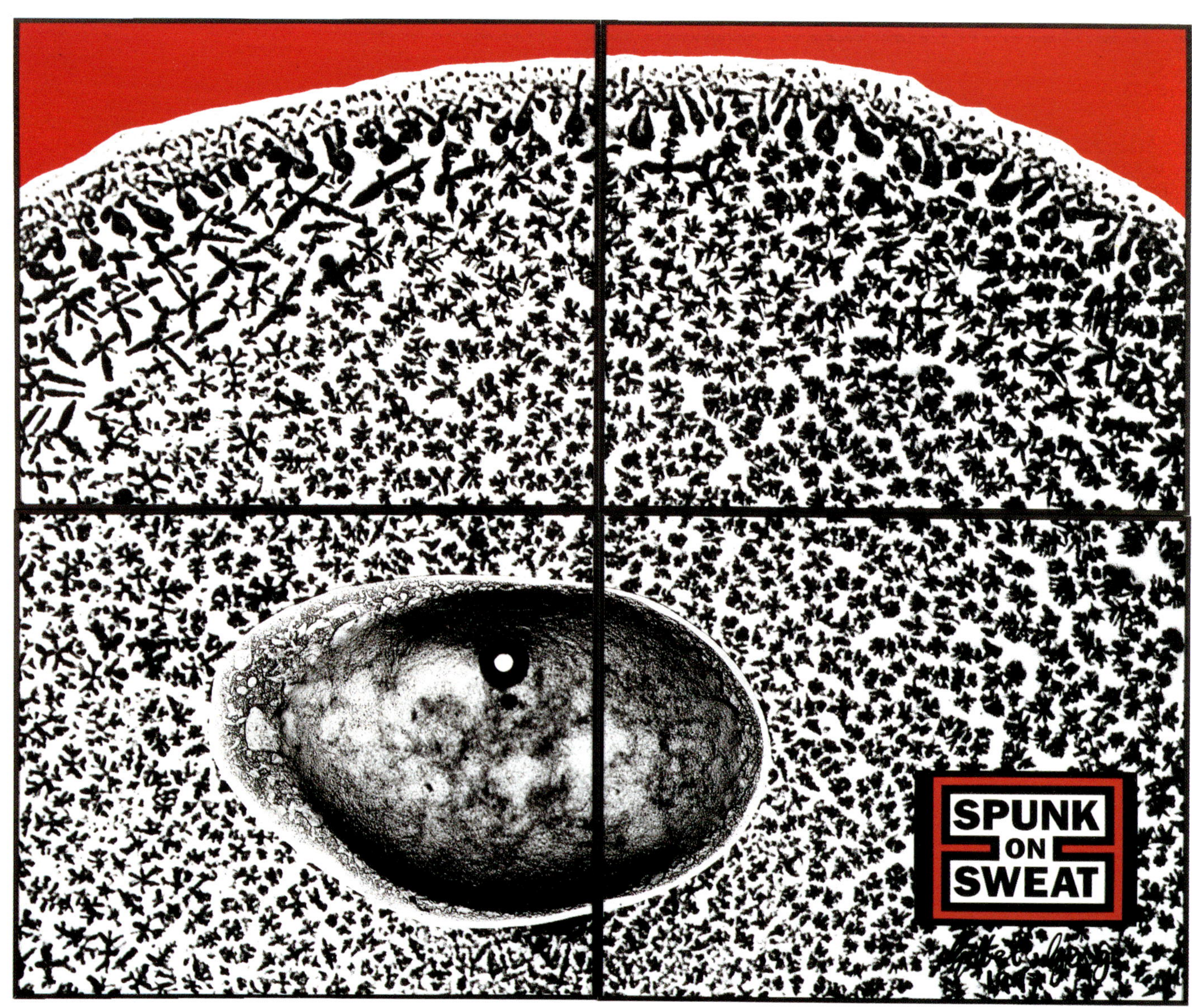

Spit Heads, 1997
190x302 cm

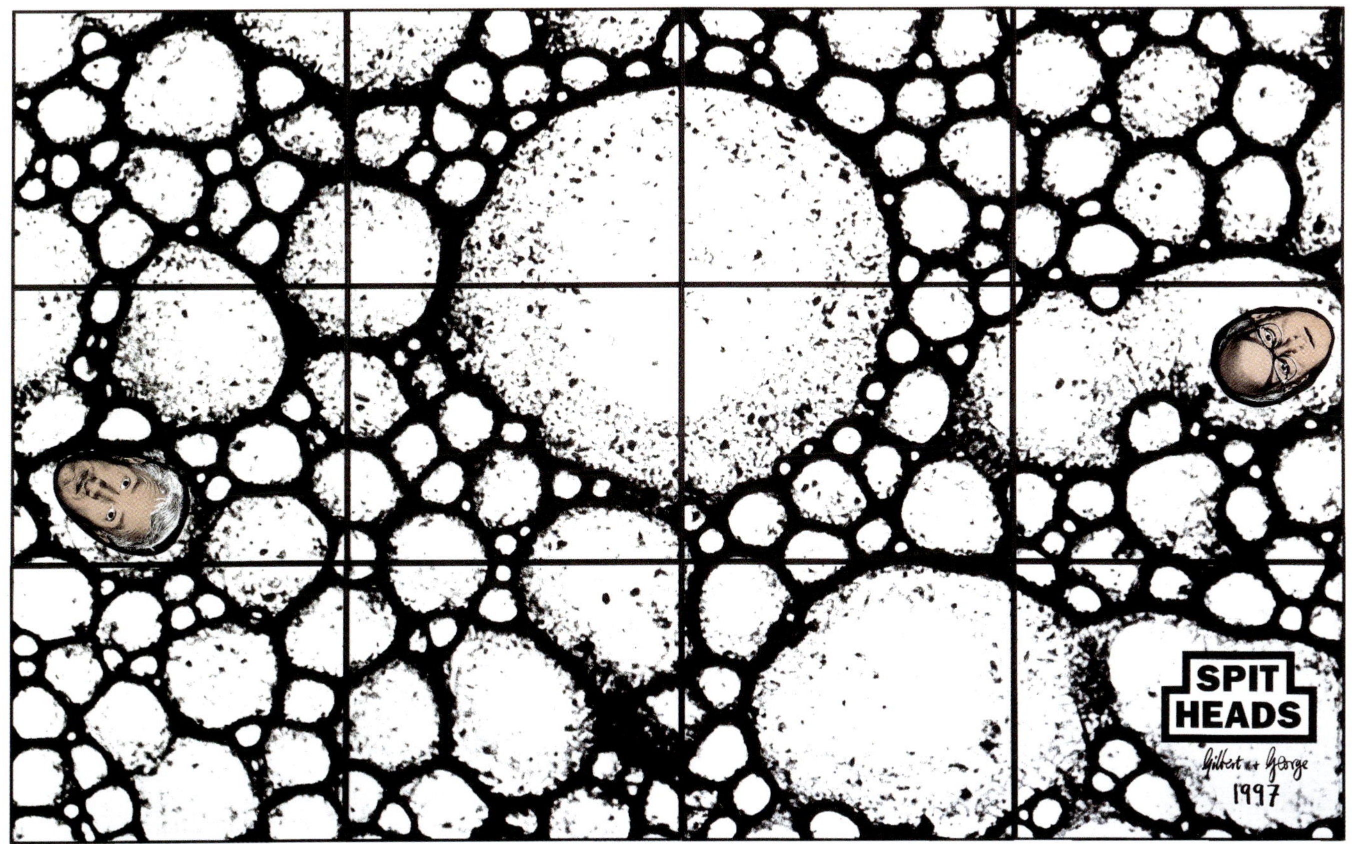

In the Piss, 1997
226x190 cm

Piss Heads, 1997
254x528 cm

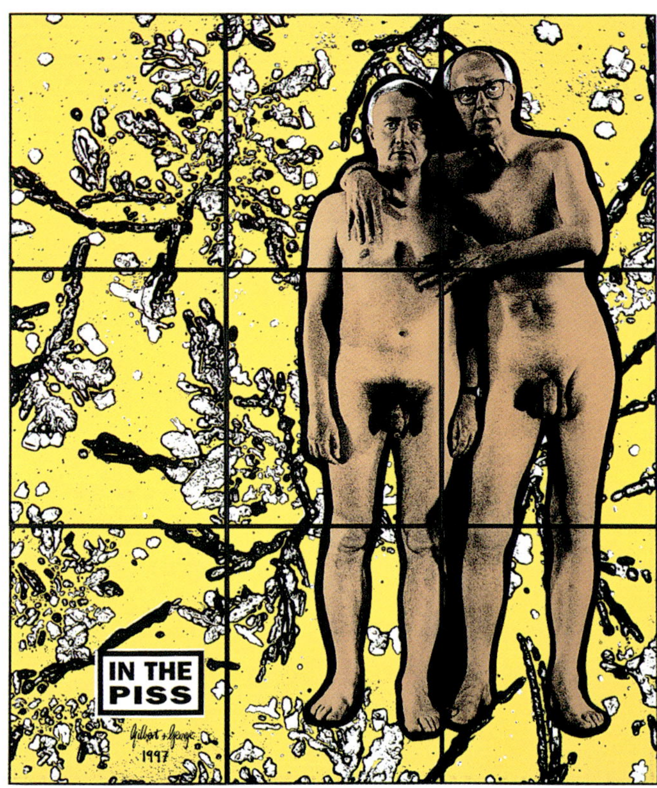

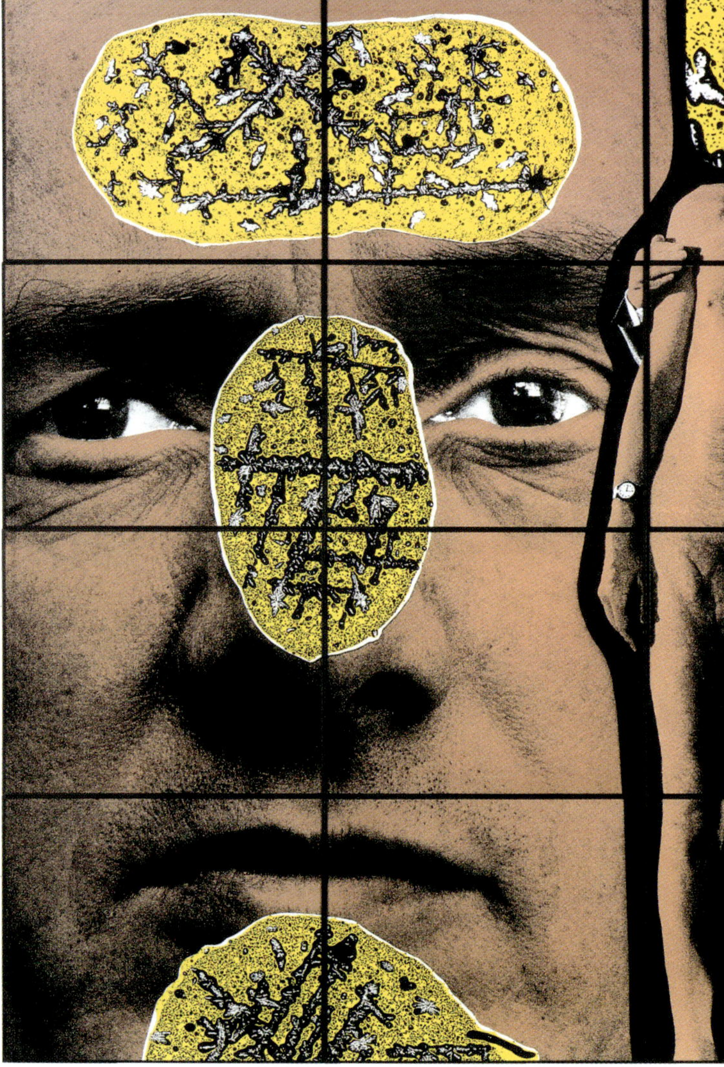

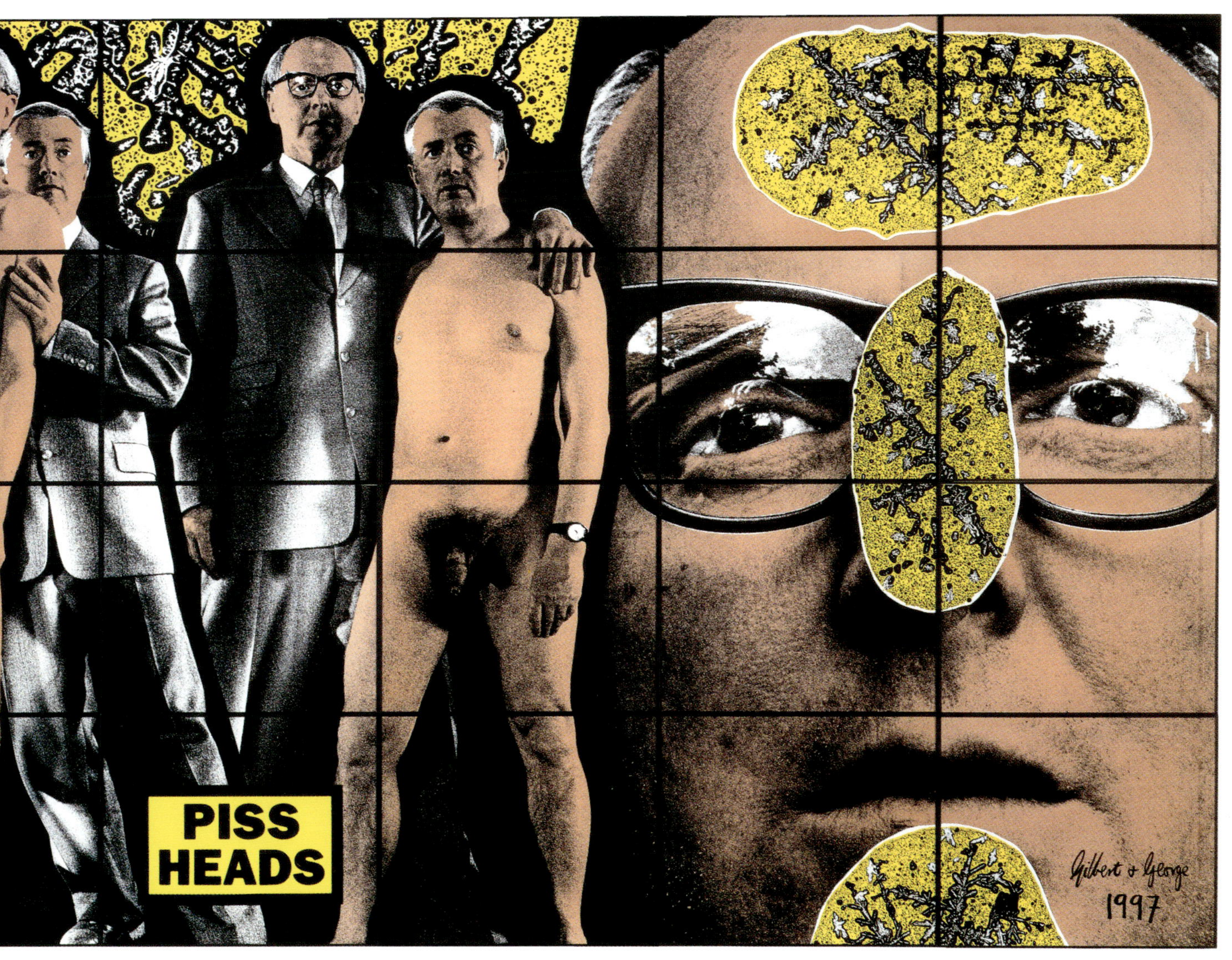

PISS
HEADS
Gilbert & George
1997

Spunk Money, 1997
226x317 cm

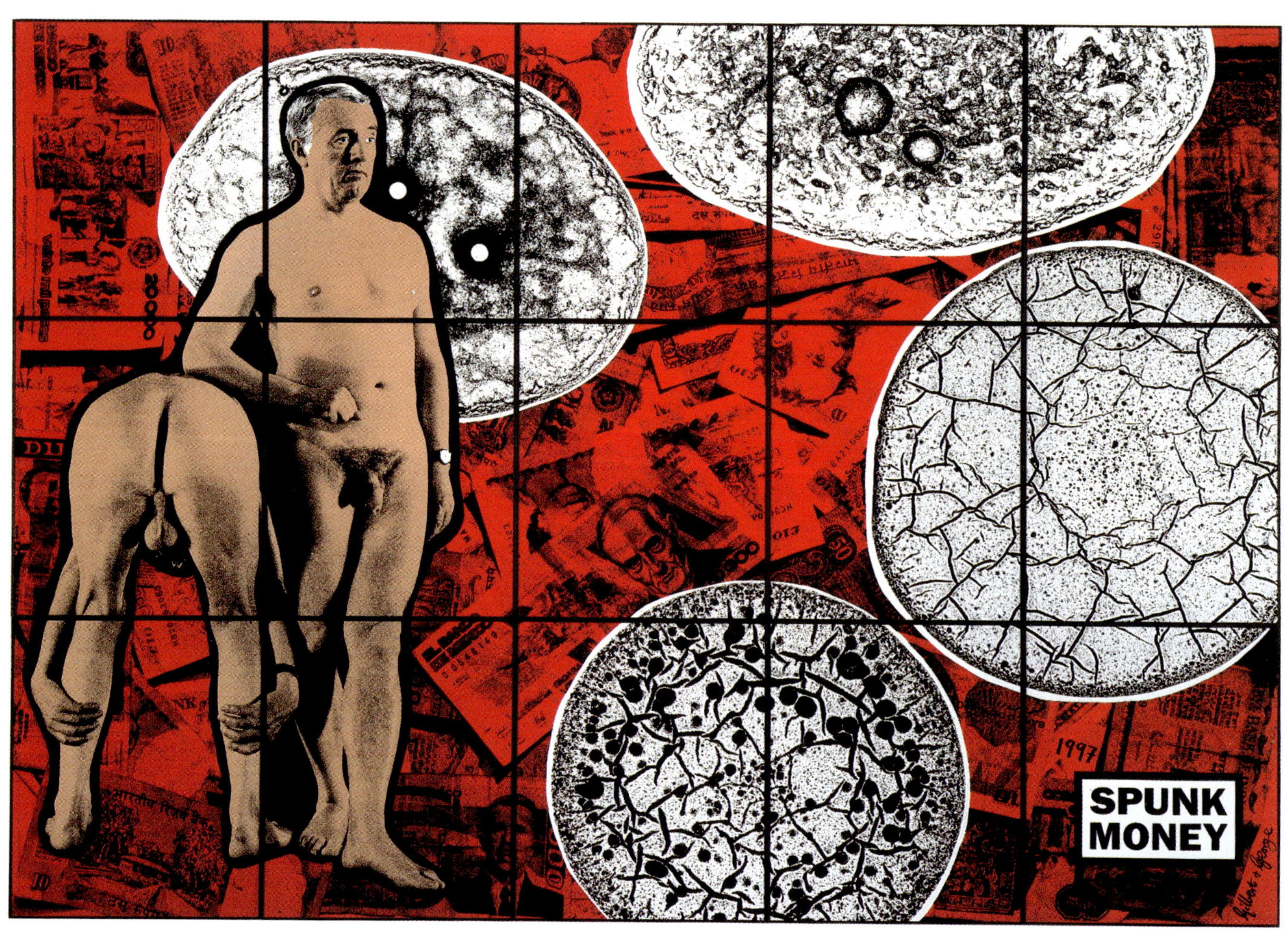

Blood on Us, 1997
190x 302 cm

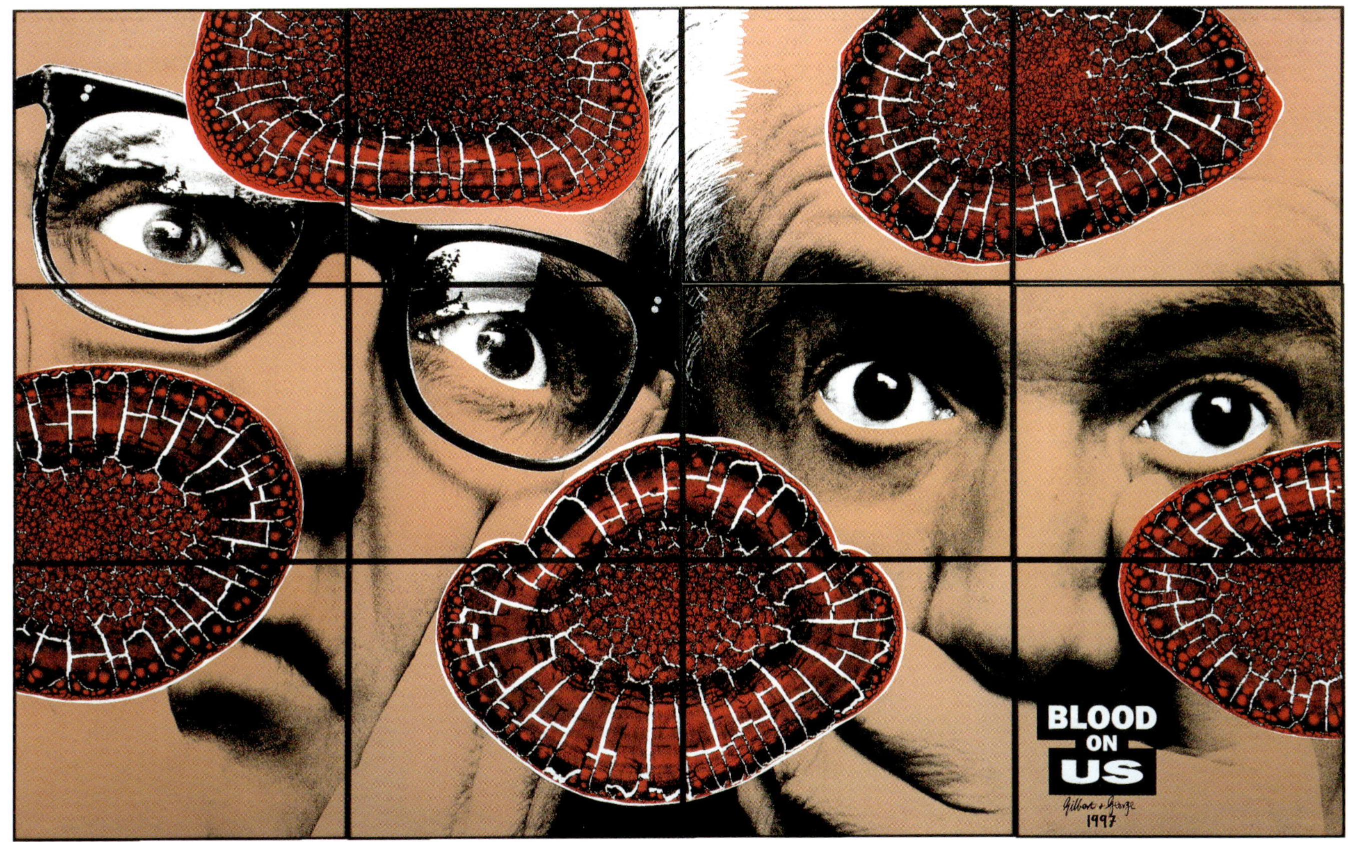

Blood and Sweat and Tears, 1997
254x604 cm

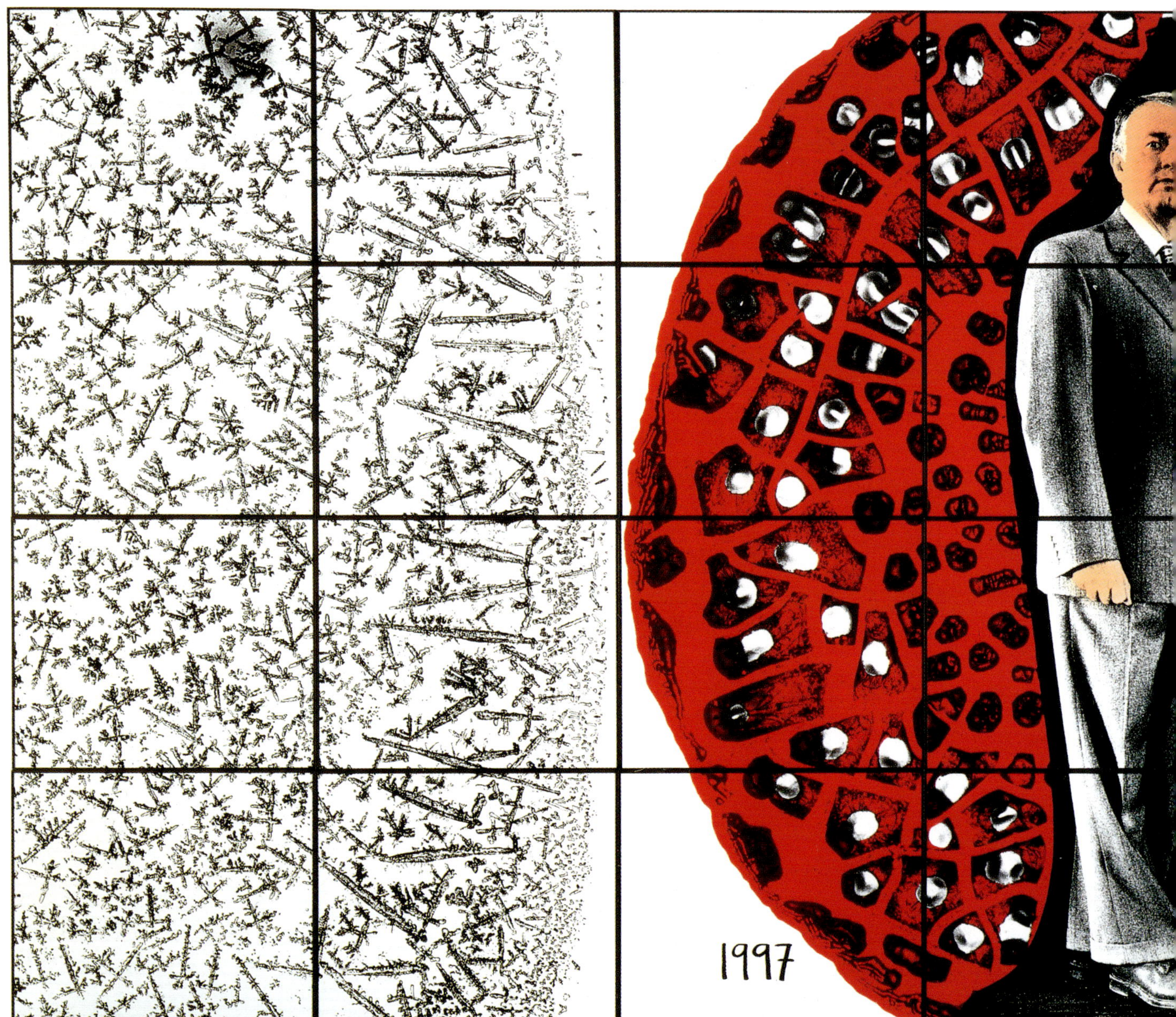

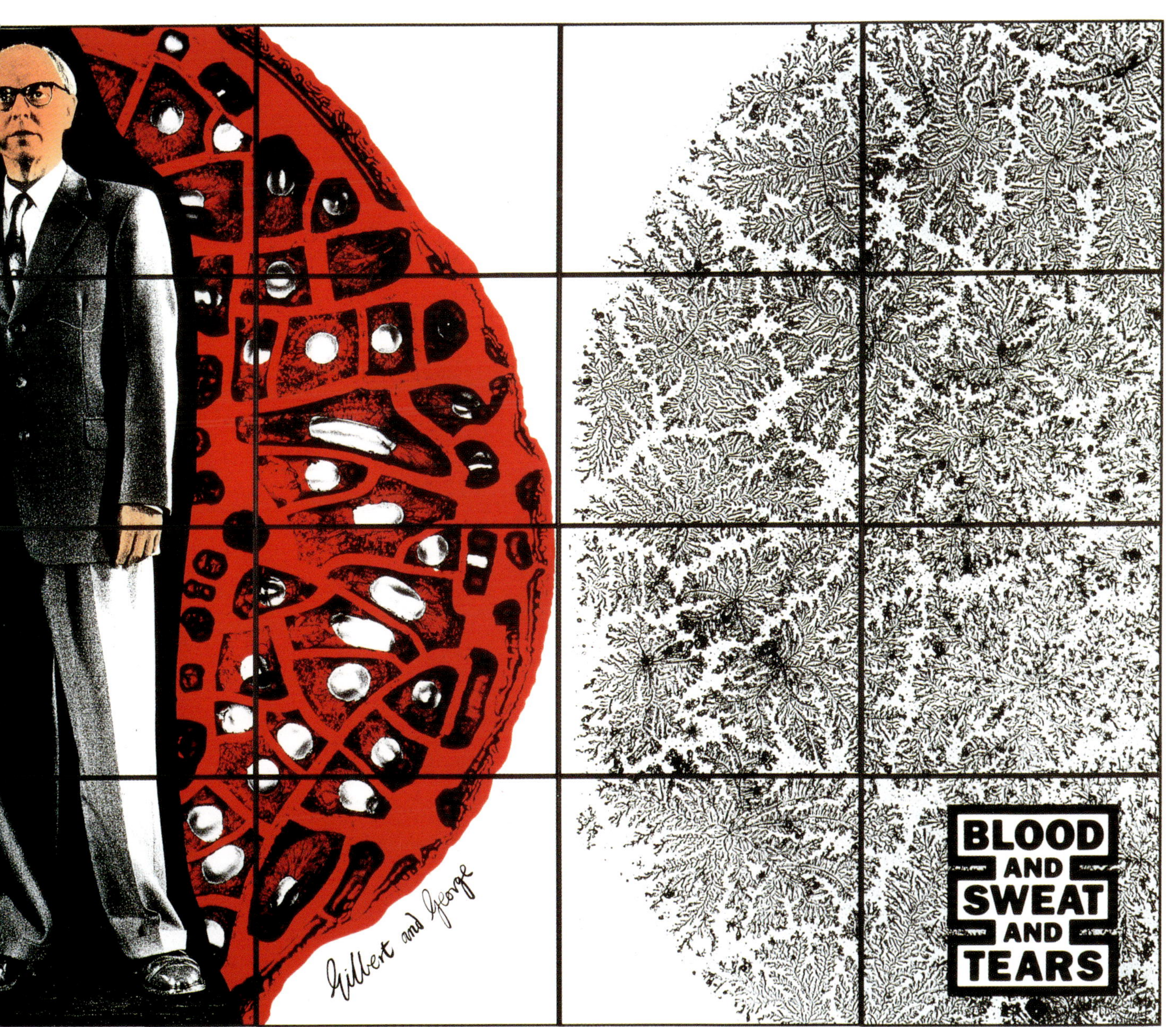

Gilbert and George
BLOOD
AND
SWEAT
AND
TEARS

Eat & Drink, 1997
190x226 cm

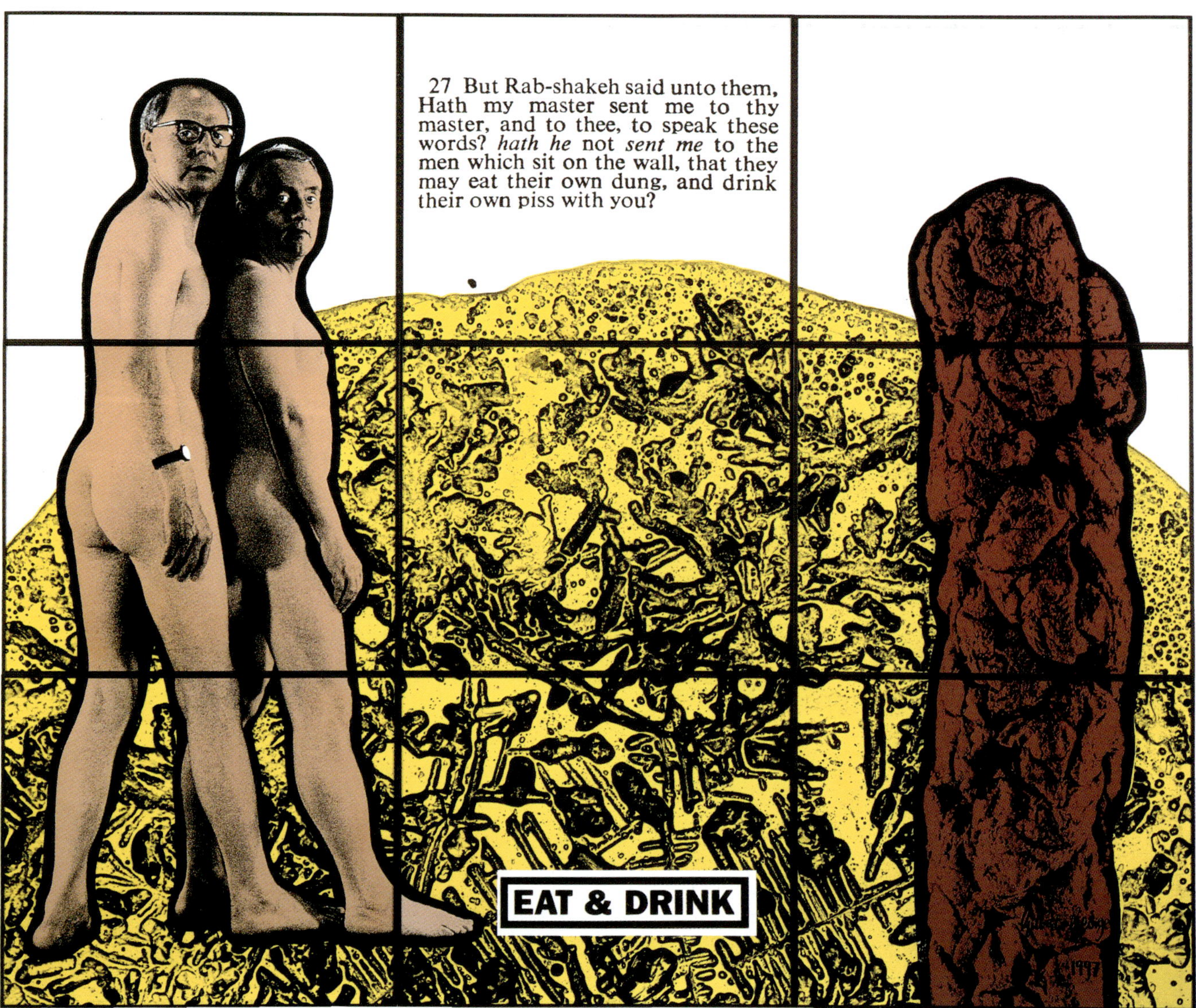

Spunkland, 1997
190x302 cm

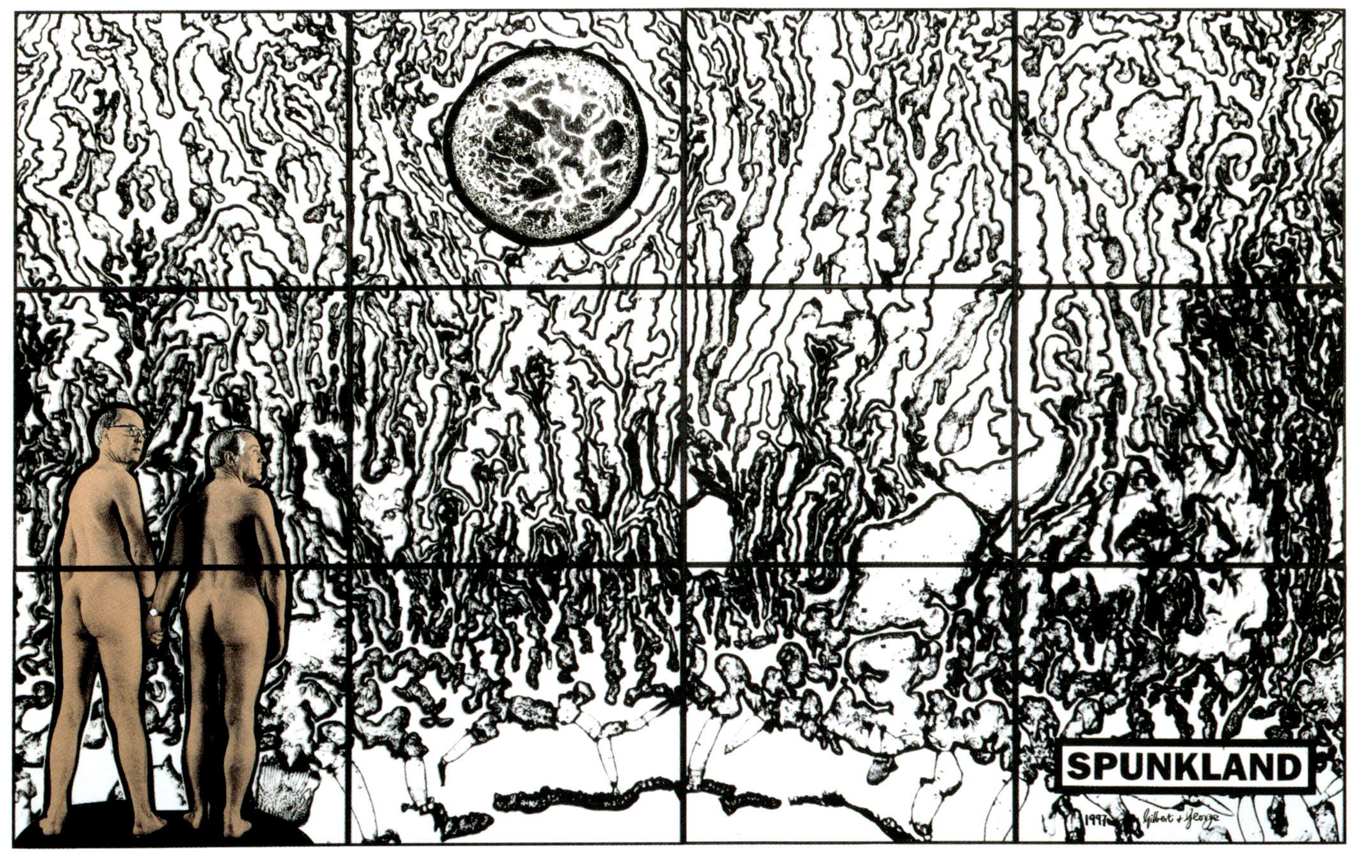

Shit on Us, 1997
190x377 cm

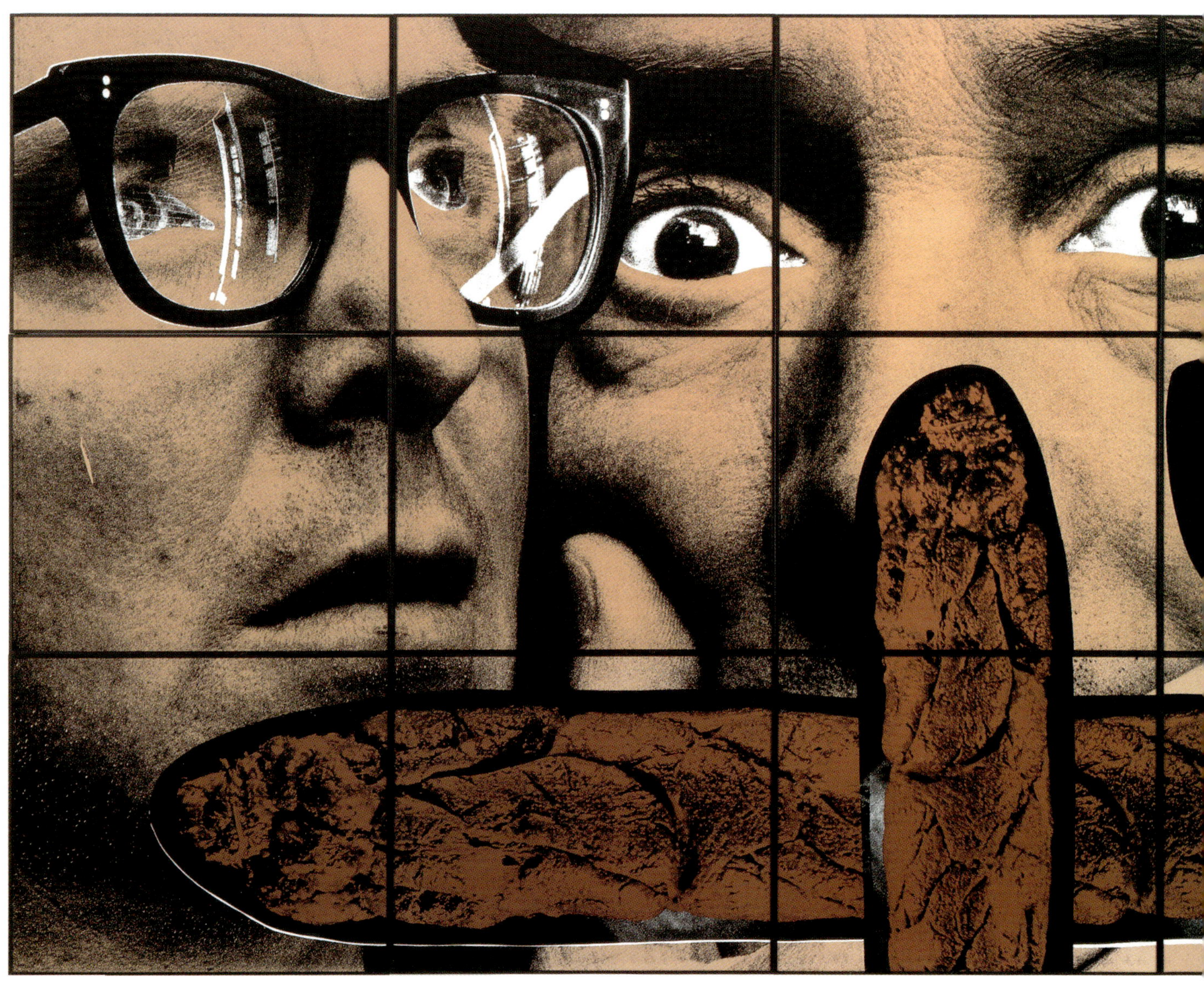

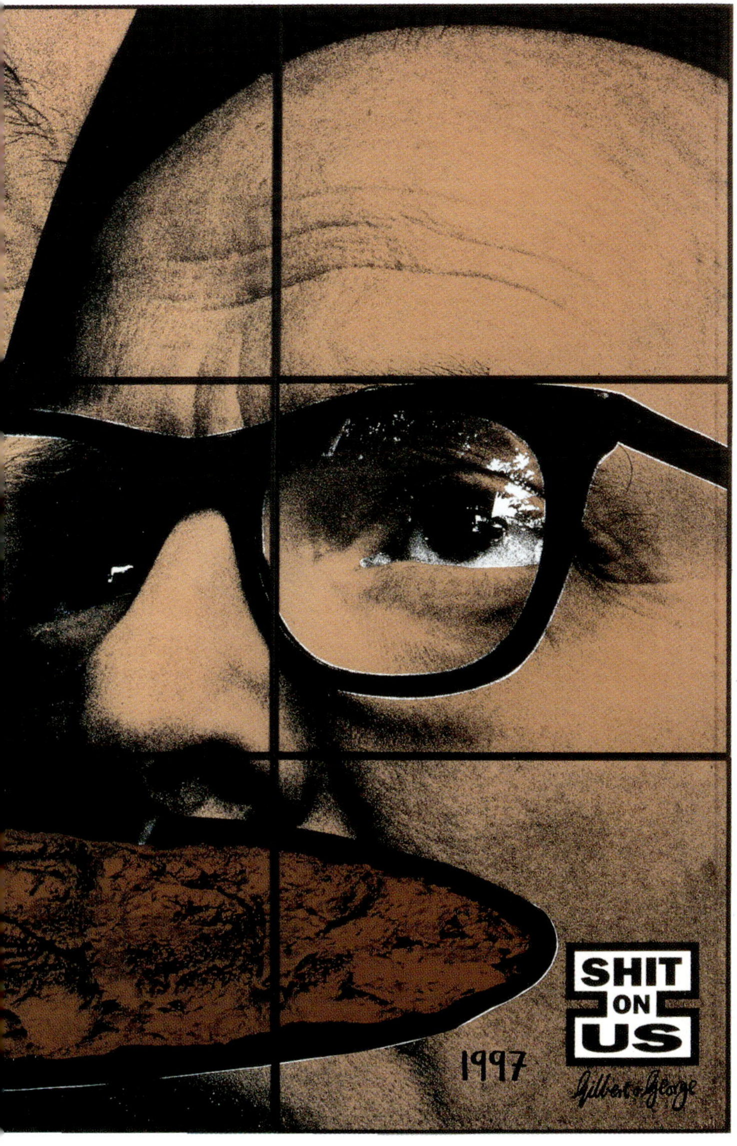
SHIT
ON
US
1997

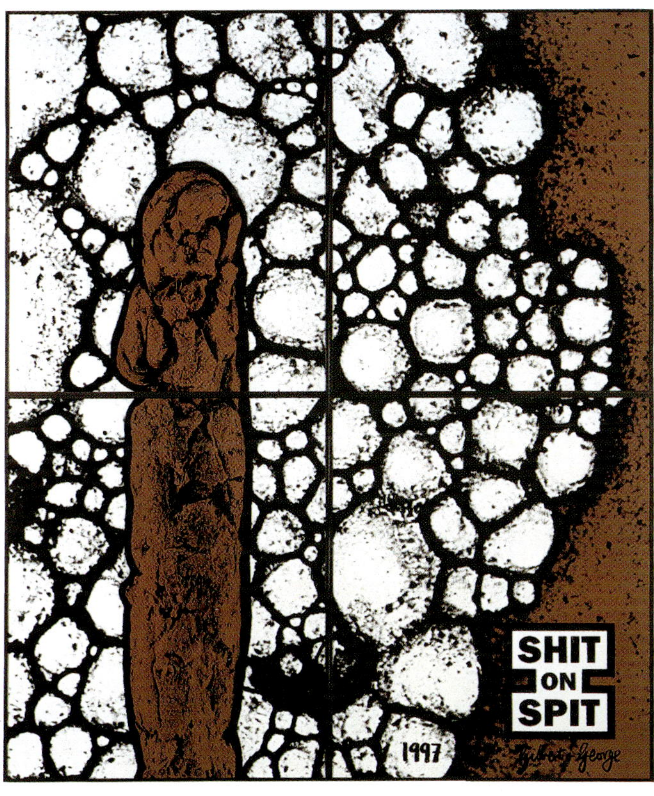
SHIT
ON
SPIT
1997

Drops of Blood, 1997
190x302 cm

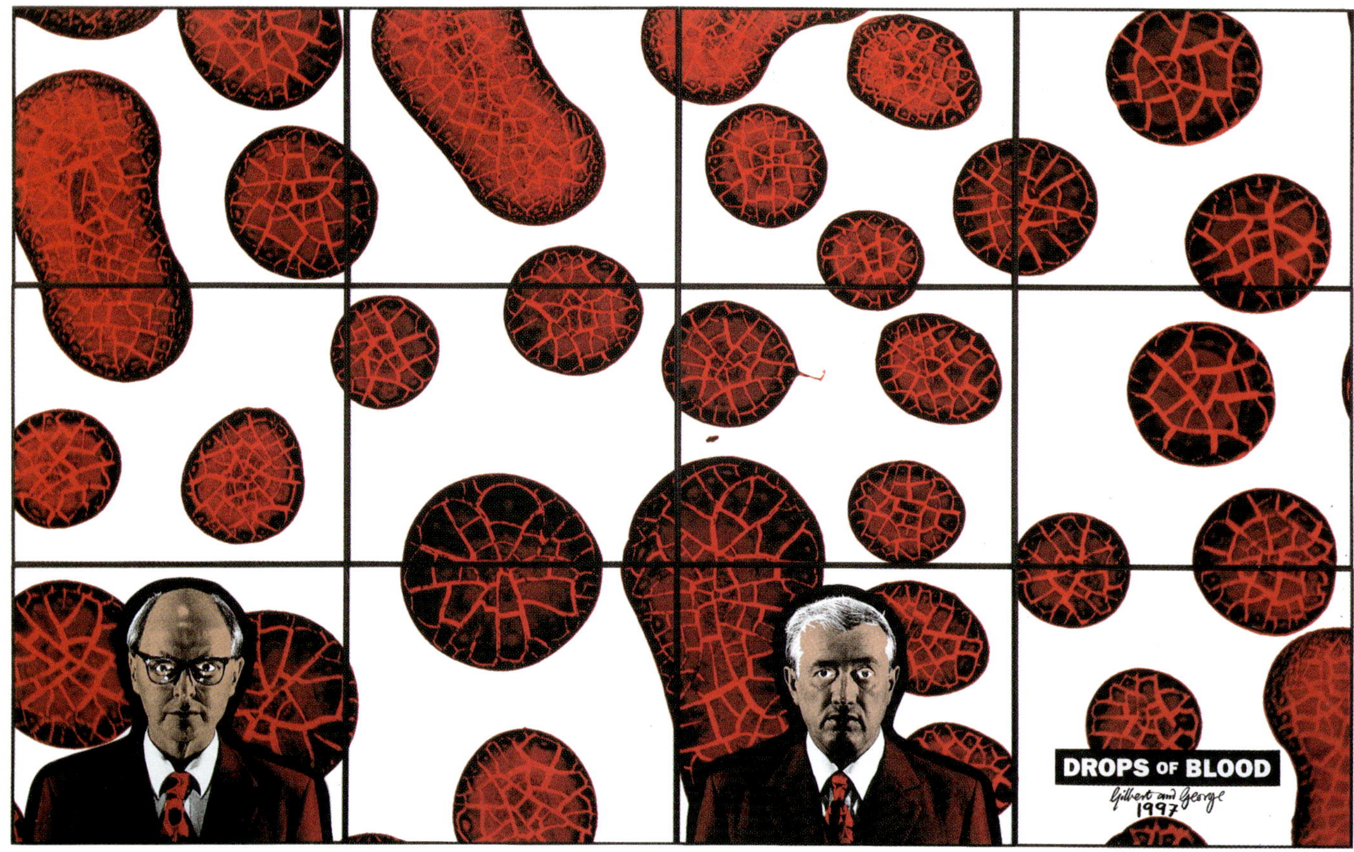

Shadow Blind, 1997
190x302 cm

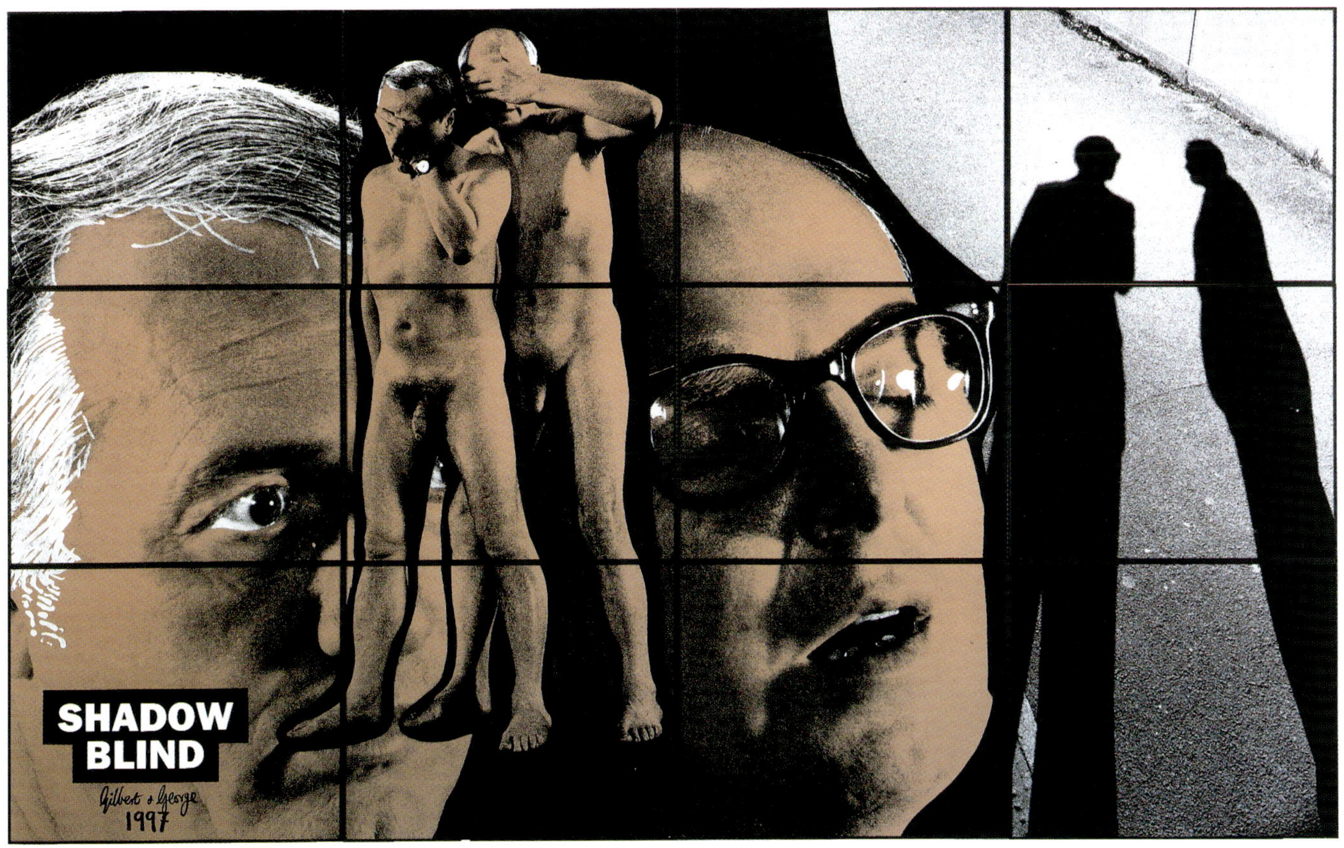

Our Spunk, 1997
254x604 cm

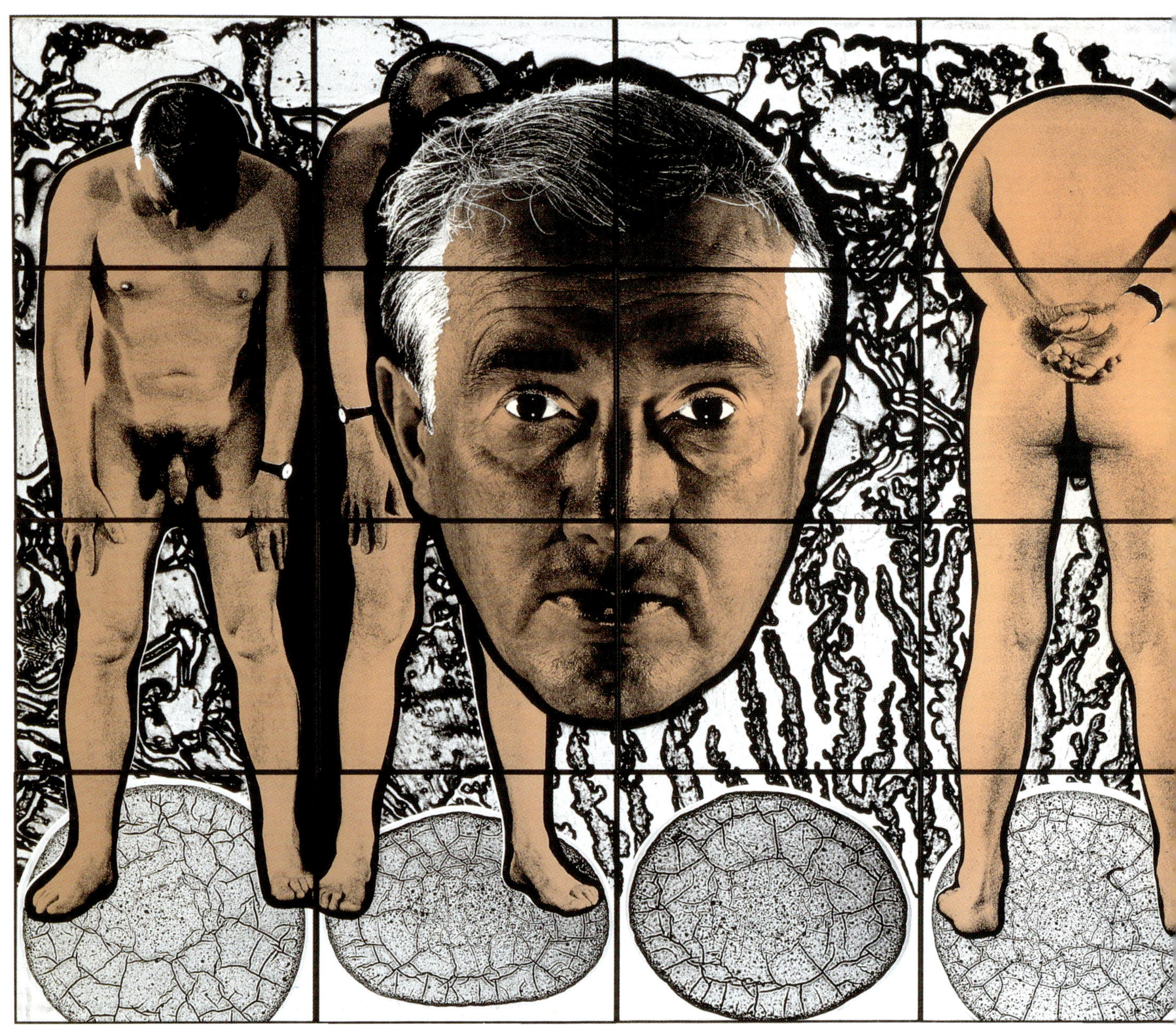

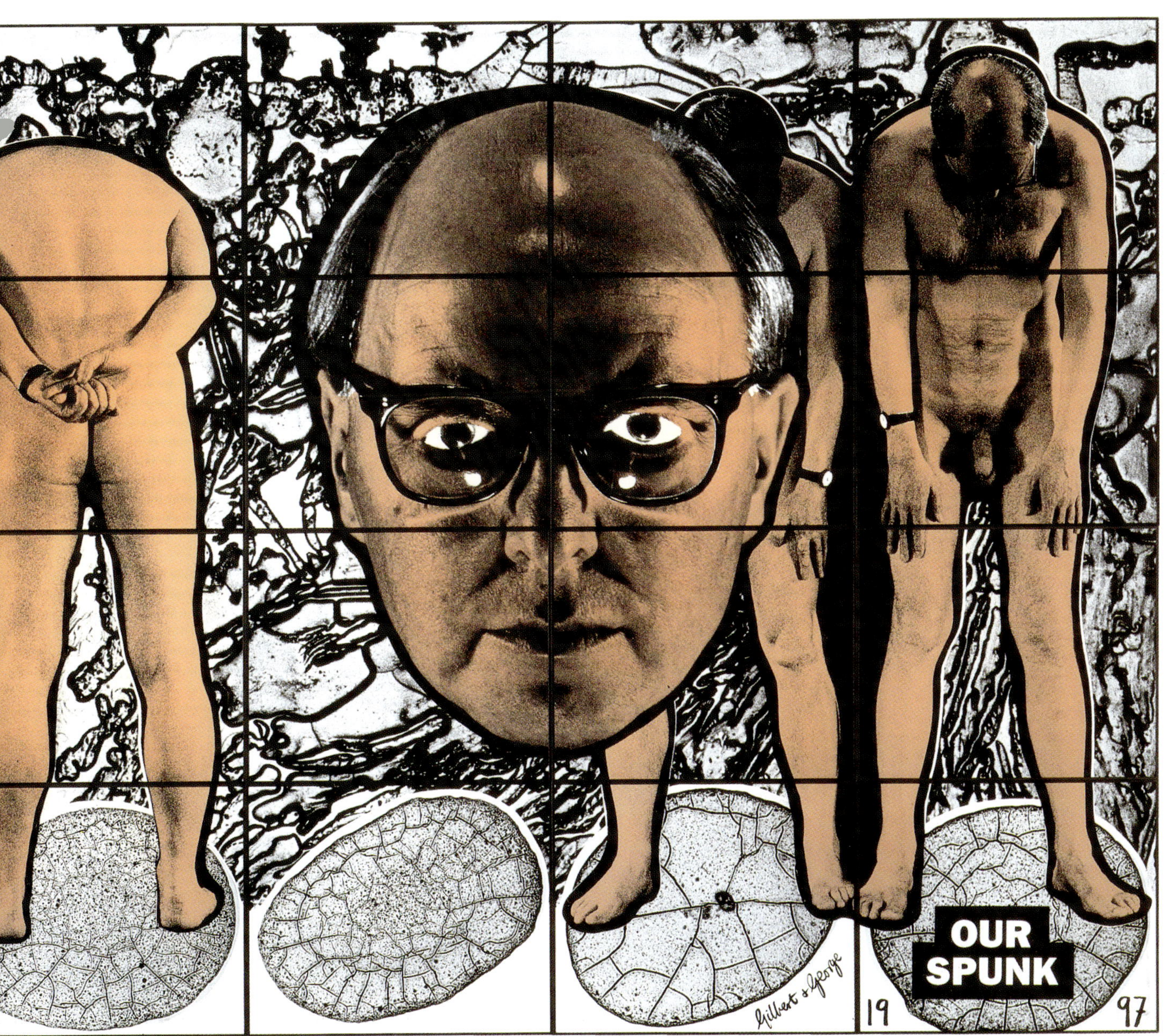

Gilbert & George
19
97
OUR
SPUNK

Apparati / Appendix

Gilbert & George

Gilbert

È nato sulle/He was born in Dolomiti nel/in 1943

Formazione/Education
Wolkenstein School of Art
Hallein School of Art
München Academy of Art

George

È nato nel/He was born in Devon nel/in 1942

Formazione/Education
Dartington Adult Education Centre
Dartington Hall College of Art
Oxford School of Art

Si sono incontrati e hanno studiato alla/They met and studied at St Martin's School of Art, London, 1967

Postal Sculptures

1969
The Easter Cards; Souvenir Hyde Park Walk; A Message from the Sculptors (dated 1970); *All My Life; New Decadent Art* (1969-70)

1970
The Sadness in Our Art

1971
The Limericks

1972
1st Post Card; 2nd Post Card

1973
The Pink Elephants

1975
The Red Boxers

**Riviste
Magazines**

1969
The Words of the Sculptors, in "Jam Magazine", Autunno/Autumn, pp. 43-47

1970
Shit and Cunt, in "Studio International", Maggio/May, pp. 218-221; *With Us in Nature*, in "Kunstmarkt catalogue", Köln

1971
Two Text Pages Describing Our Position, in "The Sunday Times Magazine", 10 Gennaio/January

1972
There Were Two Young Men, "Studio International", Maggio/May, pp. 220-221

1973
Balls, in "Avalanche", Estate/Summer-Autunno/Fall, pp. 26-33

**Opere in edizione limitata
Works in Limited Edition**

1970
The Words of the Sculptors (edizione/edition 35); *Walking Viewing Relaxing* (edizione/edition 13); *To be with Art is All We Ask* (edizione/edition 9); *Two Text Pages Describing Our*

Position (edizione/edition 19)

1971
The Ten Speeches (edizione/edition 10); *The Limericks* (edizione/edition 25)

1972
Morning Light on Art for All (edizione/edition 12); *Great Expectations* (edizione/edition 12); *Used by the Sculptors* (edizione/edition 30)

1973
Reclining Drunk (edizione/edition 200)

1976
The Red Sculpture Album (edizione/edition 100)

1979
First Blossom (edizione/edition 50)

1987
Nineteen Eighty-Seven (edizione/edition 200)

1988
Nineteen Eighty-Eight (edizione/edition 6)

1993
The Singing Sculpture 1969-91 (edizione/edition 20)

**Film diretti dagli artisti
Films by the Artists**

1970
The Nature of Our Looking (edizione/edition 4)

1972
Gordon's Makes Us Drunk (edizione/edition 25)
In the Bush (edizione/edition 25)
The Portrait of the Artists as Young Men (edizione/edition 25)

1981
The World of Gilbert & George, prodotto da/produced by Philip Haas per/for the Arts Council of Great Britain (70 minuti/minutes)

1984
Gilbert & George, South of Watford, ITV

1986
Recontre à Londres, Vidéo

Londres, Michel Burcel, France; *Gilbert & George*, La Estación de Perpignan, TVE

**Film sugli artisti
Films about the Artists**

1975
The Red Sculpture

1991
The Singing Sculpture by Gilbert & George, prodotto e diretto da/produced and directed by Philip Haas per/for Sonnabend/Methodact

1992
G & G: Daytripping, prodotto e diretto da/produced and directed by Ian McDonald per/for Anglia Television

1997
The Fundamental Gilbert & George, prodotto e diretto da/produced and directed by Gerald Fox per/for The South Bank Show e/and ITV Television

**Sculture Viventi
Living Sculptures**

1969
Our New Sculpture, St Martin's School of Art, London; *Reading from a Stick*, Geffrye Museum, London; *Our New Sculpture*, Royal College of Art, London; *Our New Sculpture*, Camberwell School of Art, London; *Underneath the Arches*, Slade School of Fine Art, London; *Sculpture in the '60s*, Royal College of Art, London (con:with Bruce McLean); *In the Underworld*, St Martin's School of Art, London (con/with Bruce McLean); *Impresarios of the Art World*, Hanover Grand Preview Theatre, London (con/with Bruce McLean); *Meeting Sculptures*, various locations, London; *The Meal*, Ripley, Bromley, UK (con/with David Hockney); *Metallised Heads*, Studio International Office, London; *Telling a Story*, Marquee Club,

London; *The Singing Sculpture*, The Lyceum, London; *Telling a Story*, The Lyceum, London; *The Singing Sculpture*, National Jazz & Blues Festival, Pulmpton; *A Living Sculpture*, all'inaugurazione di/at the opening of *When Attitude Becomes Form*, ICA, London; *Underneath the Arches*, Cable Street, London; *Posing on the Stairs*, Stedelijk Museum, Amsterdam

1970
3 Living Pieces, BBC Studios, Bristol; *Lecture Sculpture*, Museum of Modern Art, Oxford; Leeds Polytechnic, Leeds; *Underneath the Arches*, Kunsthalle, Düsseldorf; Kunstverein, Hannover; Galerie Block Forum Theatre, Berlin; *Posing Piece*, Art & Project, Amsterdam; Galerie Konrad Fischer, Düsseldorf; *Underneath the Arches*, Kunstverein, Reckling-hausen; Galerie Heiner Friedrich, München; Kunstverein, Nürnberg; Württembergischer Kunstverein, Stuttgart; Museo d'Arte Moderna, Torino; Sonja Henie Niels Onstad Foundation, Oslo; Stadsbiblioteket Lyngby, Cøbenhavn; Galerie Folker Skulima, Berlin; Gegenverkehr, Aachen; Galerie Heiner Friedrich, Köln; Kunstverein, Krefeld; Nigel Greenwood Gallery, London

1971
Underneath the Arches, Show Room du Garden Stores Louise, Bruxelles; per/for BBC Television interpretano/play "The Cowshed", London; Sonnabend Gallery, New York

1972
Underneath the Arches, Kunstmuseum, Luzern; Galleria L'Attico, Roma

1973
Underneath the Arches, National Gallery of New South Wales, John Kaldor Project, Sydney; National Gallery of Victoria, John Kaldor Project, Melbourne

1975
Shao Lin Martial Arts, anteprima del film/Film Presentation, Collegiate Theatre, London; *The Red Sculpture*, Art Agency, Tokyo

1976
The Red Sculpture, Sonnabend Gallery, New York; Galerie Konrad Fischer, Düsseldorf; Galleria Lucio Amelio , Napoli

1977
The Red Sculpture, Galleria Sperone, Roma; Robert Self Gallery, London; Art Fair, Sperone Fischer, Basel; Galerie MLT , Bruxelles; Museum van Hedendaagse Kunst, Gent; Stedelijk Museum, Amsterdam

1991
The Singing Sculpture, Sonnabend Gallery, New York

**Pubblicazioni
Publications**

1970
The Pencil on Paper. Descriptive Works (edizione/edition 500), pubblicato da/published by Gilbert & George, London; *Art Notes and Thoughts*, pubblicato da/published by Gilbert & George, London; *To be with Art is All We Ask* (edizione/edition 300), pubblicato da/published by Gilbert & George, London; *A Guide to the Singing Sculpture*, pubblicato da/published by Gilbert & George, London

1971
The Paintings, pubblicato da/published by Kunstverein, Düsseldorf; *Side by Side* (edizione/edition 600), pubblicato da/published by König Bros, Köln; *A Day in the Life of George & Gilbert* (edizione/edition 1000), pubblicato da/published by Gilbert & George, London

1972
The Grand Old Duke of York, pubblicato da/published by Kunstmuseum, Luzern

1973
Catalogue for their Australian Visit, pubblicato da/published by John Kaldor, Sydney

1976
Dark Shadow (edizione/edition 2000), pubblicato da/published by Nigel Greenwood, London

1977
Gilbert & George, pubblicato da/published by Galerie Taxispalais, Innsbruck

1980
Gilbert & George 1968 to 1980, introduzione di/introduction by Carter Ratcliff, pubblicato da/published by Van Abbemuseum, Eindhoven

1984
Gilbert & George, introduzione di/introduction by Brenda Richardson, pubblicato da/published by Baltimore Museum of Art, Baltimore

1985
Death Hope Life Fear, introduzione di/introduction by Rudi Fuchs, pubblicato da/published by Castello di Rivoli Museo d'Arte Contemporanea, Torino

1986
The Charcoal on Paper. Sculptures 1970-1974, introduzione di/introduction by Demosthenes Davvetas, pubblicato da/published by capcMusée d'art contemporain, Bordeaux; *The Complete Pictures 1971-1985*, introduzione di/introduction by Carter Ratcliff, pubblicato da/published by Thames and Hudson, London, Rizzoli International, New York, Schirmer/Mosel, München; *The Paintings 1971*, introduzione di/introduction by Wolf John, pubblicato da/published by Fruitmarket Gallery, Edinburgh

1989
For Aids Exhibition, introduzione di/introduction by Gilbert & George, pubblicato da/published by Anthony d'Offay Gallery, London; *The Art of Gilbert & George*, testo di/text by Wolf Jahn, pubblicato da/published by Thames and Hudson, London

1990
The Moscow Catalogue, testi in russo di/texts in Russian by Sergei Klokov e/and Brenda Richardson, pubblicato da/published by Gilbert & George and Anthony d'Offay Gallery, London; *Twenty-five Worlds by Gilbert & George*, testo di/text by Robert Rosenblum, pubblicato da/published by Robert Miller Gallery, New York; *Worlds and Windows*, testo di/text by Robert Rosenblum, pubblicato da/published by Anthony d'Offay Gallery, London, Robert Miller Gallery, New York; *Eleven Worlds by Gilbert & George and Antique Clocks*, introduzione di/introduction by Remo Guidieri, pubblicato da/published by Desire Feurele, Köln; *Gilbert & George: Postcard Sculptures and Ephemera 1969-1981*, introduzione di/introduction by Carter Ratcliff, pubblicato da/published by Hirschl and Adler Modern, New York

1991
Monarchy as Democracy, introduzione di/introduction by Wolf Jahn, pubblicato da/published by Anthony d'Offay Gallery, London, and Oktogon, München; *With Gilbert & George in Moscow*,

testo di/text by Daniel Farson, pubblicato da/published by Bloomsbury Publishers, London; *The Cosmological Pictures*, testi di/texts by Rudi Fuchs e/and Wojciech Markowski, pubblicato da/published by Haags Gemeentemuseum, Den Haag

1992
New Democratic Pictures, testi di/texts by Anders Kold, Lars Morrel e/and Andrew Wilson, pubblicato da/published by Århus Kunstmuseum, Århus

1993
Gilbert & George: The Singing Sculpture, testi di/texts by Carter Ratcliff e/and Robert Rosenblum, pubblicato da/published by Thames and Hudson, London, and Anthony McCall Associates, New York; *Gilbert & George: China Exhibition*, testi di/texts by Wojciech Markowski, Norman Rosenthal e/and Andrew Wilson, pubblicato da/published by Gilbert & George, China Exhibition Project, London

1994
Gilbert & George: Recent Works, pubblicato da/published by Robert Miller Gallery, New York; *Gilbert & George*, testo di/text by Wolf Jahn, pubblicato da/published by Museo d'Arte Moderna della Città di Lugano; *New Shit Pictures*, testo di/text by Wolf Jahn, pubblicato da/published by Galerie Rafael Jablonka, Köln; *Shitty Naked Human World*, testo di/text by Gilbert & George, pubblicato da/published by Wolfsburg Kunstmuseum; *Naked Shit Pictures*, testo di/text by Wolf Jahn, pubblicato da/published by South London Art Gallery, London

1996
Gilbert & George, testo

di/text by Danilo Eccher, intervista di/interview by Martin Gayford, pubblicato da/published by Galleria d'Arte Moderna, Bologna and Edizioni Charta, Milano

1997
Gilbert & George: The fundamental Pictures, introduzione di/introduction by Robert Rosenblum, pubblicato da/published by Cyber Art Publications UK Ltd, London; *Gilbert & George: Art for All 1971-1996*, testi di/texts by Robert Rosenblum, Fumihori Nonomura e/and Yoshiki Sumikura, pubblicato da/published by Sezon Museum of Art, Tokyo

**Esposizioni in gallerie
Gallery Exhibitions**

1968
Three Works/Three Works, Frank's Sandwich Bar, London; *Show Show*, St Martin's School of Art, London; *Bacon 32*, Allied Services, London; *Christmas Show*, Robert Fraser Gallery, London

1969
Anniversary, Frank's Sandwich Bar, London; *Shit and Cunt*, Robert Fraser Gallery, London

1970
George by Gilbert & Gilbert by George, Fournier Street, London; *The Pencil on Paper Descriptive Works*, Galerie Konrad Fischer, Düsseldorf; *Art Notes and Thoughts*, Art & Project, Amsterdam; *Frozen into the Nature for You Art*, Galleria Françoise Lambert, Milano; *The Pencil on Paper Descriptive Works*, Galerie Folker Skulima, Berlin; *Frozen into the Nature for You Art*, Galerie Heiner Friedrich, Köln; *To be with Art is All We Ask*, Nigel Greenwood Gallery, London

1971
There Were Two Young Men,

Galleria Sperone, Torino; *The General Jungle*, Sonnabend Gallery, New York; *The Ten Speeches*, Nigel Greenwood Gallery, London; *New Photo-Pieces*, Art & Project, Amsterdam

1972
New Photo-Pieces, Galerie Konrad Fischer, Düsseldorf; *Three Sculptures con Video Tape*, Gerry Schum Video Galerie, Düsseldorf; *The Bar*, Anthony d'Offay Gallery, London; *The Evening before the Morning after*, Nigel Greenwood, London; *It Takes a Boy to Understand a Boy's Point of View*, Situation Gallery, London; *A New Sculpture*, Galleria Sperone, Roma

1973
Any Port in a Storm, Galerie Sonnabend, Paris; *New Decorative Works*, Galleria Sperone, Torino; *Reclining Drunk*, Nigel Greenwood Gallery, London; *Modern Rubbish*, Sonnabend Gallery, New York

1974
Drinking Sculptures, Art & Project/MTL Gallery, Antwerpen; *Human Bondage*, Galerie Konrad Fischer, Düsseldorf; *Dark Shadow*, Art & Project, Amsterdam; Nigel Greenwood Gallery, London; *Cherry Blossom*, Galleria Sperone, Roma

1975
Bloody Life, Galerie Sonnabend, Paris; Galerie Sonnabend, Génève; Galleria Lucio Amelio, Napoli; *Post Card Sculptures*, Sperone Westwater Fischer, New York; *Bad Thoughts*, Galerie Spillemaekers, Bruxelles; *Dusty Corners*, Art Agency, Tokyo

1976
Dead Boards, Sonnabend Gallery, New York; *Mental*, Robert Self Gallery, London; Robert Self Gallery, Newcastle

1977
Red Morning, Galerie Sperone Fischer, Basel; *New Photo-Pieces*, Art & Project, Amsterdam; Galerie Konrad Fischer, Düsseldorf

1978
New Photo-Pieces, Dartington Hall Gallery, Dartington Hall; Sonnabend Gallery, New York; Art Agency, Tokyo

1980
Post Card Sculptures, Art & Project, Amsterdam; Galerie Konrad Fischer, Düsseldorf; *New Photo-Pieces*, Kareu & Jean Bernier Gallery, Athína; Sonnabend Gallery, New York; *Modern Fears*, Anthony d'Offay Gallery, London

1981
Photo-Pieces 1980-1981, Galerie Chantal Crousel, Paris

1982
Crusade, Anthony d'Offay Gallery, London

1983
Modern Faith, Sonnabend Gallery, New York; *Photo-Pieces 1980-1982*, David Bellman Gallery, Toronto; *New Works*, Galerie Crousel-Hussenot, Paris

1984
The Believing World, Anthony d'Offay Gallery, London; *Hands Up*, Galerie Schellmann & Klüser, München; *Lives*, Galleria Pieroni, Roma

1985
New Moral Works, Sonnabend Gallery, New York

1987
The 1986 Pictures, The Sonnabend Gallery, New York; *New Pictures*, Anthony d'Offay Gallery, London; *Gilbert & George Pictures*, Aldrich Museum of Contemporary Art, Aldrich, USA

1988
The 1988 Pictures, Galerie Ascan Crone, Hamburg;

Sonnabend Gallery, New York

1989
The 1988 Pictures, Galleria Christian Stein, Milano; *For Aids Exhibition*, Anthony d'Offay Gallery, London

1990
Gilbert & George, Hirschl and Adler Modern, New York; *Twenty-five Worlds by Gilbert & George*, Robert Miller Gallery, New York; *The Cosmological Pictures*, Sonnabend Gallery, New York; *Worlds & Windows*, Anthony d'Offay Gallery, London; *Eleven Worlds by Gilbert & George and Antique Clocks*, Galerie Desire Feurele, Köln

1991
20th Anniversary Exhibition, Sonnabend Gallery, New York

1992
New Democratic Pictures, Anthony d'Offay Gallery, London

1994
Gilbert & George, Robert Miller Gallery, New York; *New Shit Pictures*, Galerie Jablonka, Köln

1995
Gilbert & George, Galerie Nikolas Sonne, Berlin; *The Naked Shit Pictures*, South London Art Gallery, London

1997
The Fundamental Pictures, Sonnabend Gallery, Lehmann Maupin, New York

1998
New Testamental Pictures, Galerie Tadaeusropac, Paris; *New Testamental Pictures*, Galerie Tadaeusropac, Salzburg.

**Esposizioni in Musei
Museum Exhibitions**

1971
The Paintings (with Us in the Nature), Whitechapel Art Gallery, London; Stedelijk Museum, Amsterdam;

Kunstverein, Düsseldorf

1972
The Paintings (with Us in the Nature), Koninklijk Museum voor Schone Kunsten, Antwerpen

1973
The Shrubberies & Singing Sculpture, National Gallery of New South Wales, John Kaldor Project, Sydney; National Gallery of Victoria, John Kaldor Project, Melbourne

1976
The General Jungle, Albright-Know Art Gallery, Buffalo; *Photo-Pieces 1971-1980*, Stedelijk van Abbemuseum, Eindhoven

1981
Photo-Pieces 1971-1990, Kunsthalle, Düsseldorf; Kunsthalle, Bern; Musée National d'Arte Moderne, Centre Georges Pompidou, Paris; Whitechapel Art Gallery, London

1982
New Photo-Pieces, Gewas Gallery, Gent

1984
Gilbert & George, Baltimore Museum of Art, Baltimore; Contemporary Arts Museum, Houston; Norton Gallery of Art, West Palm Beach, Florida

1985
Gilbert & George, Milwaukee Art Museum; Solomon R. Guggenheim Museum, New York

1986
Pictures 1982 to 1985, capcMusée d'Art Contemporain, Bordeaux; *Charcoal on Paper Sculptures 1970 to 1974*, capcMusée d'Art Contemporain, Bordeaux; *The Paitings 1971*, Fruitmarket Gallery, Edinburgh; *Pictures 1982 to 1986*, Kunsthalle, Basel

1987
Pictures 1982 to 1986, Palais

des Beaux-Arts, Bruxelles; Palacio de Velázquez, Madrid; Lenbachhaus, München; Hayward Gallery, London; *Pictures*, Aldrich Museum, Aldrich, USA

1990
Pictures 1983-1988, Central House of the Artists, New Tretyakov Gallery Building, Moskva

1991
The Cosmological Pictures, Palac Sztuki, Kraków; Palazzo delle Esposizioni, Roma

1992
The Cosmological Pictures, Kunsthalle, Zürich; Wiener Sezession, Wien; Ernst Muzeum, Budapest; Haags Gemeentemuseum, Den Haag; Århus Kunstmuseum, Århus; Irish Museum of Modern Art, Royal Hospital Kilmainham, Dublin; Fundació Juan Miró, Barcelona

1993
The Cosmological Pictures, Tate Gallery, Liverpool; Württembergischer Kunstverein, Stuttgart; *Gilbert & George: China Exhibition*, National Art Gallery, Beijing; The Art Museum, Shanghai

1994
Gilbert & George, Museo d'Arte Moderna della Città di Lugano; *Shitty Naked Human World*, Kunstmuseum, Wolfsburg

1996
Gilbert & George, Galleria d'Arte Moderna, Bologna

1997
Gilbert & George: Art for All 1971-1996, Sezon Museum of Art, Tokyo; *Gilbert & George*, Magasin 3 Stockholm Konsthall, Stockholm; *Gilbert & George*, ARC Musée d'Art Moderne de la Ville de Paris, Paris.

1998
New Testamental Pictures, Museo di Capodimonte, Napoli

Finito di stampare nel mese di novembre 1998
da Leva spa, Sesto San Giovanni
per conto di Edizioni Charta, Milano